KB247540

윤의정 쌤의
자·소·서
수시합격 45

윤의정 쌤의
자·소·서 수시합격 45

초판 1쇄 인쇄 | 2016년 6월 22일
초판 1쇄 발행 | 2016년 6월 29일

지은이 | 윤의정
펴낸이 | 박영욱
펴낸곳 | 북오션 에듀월드

편 집 | 권희중 · 이소담
마케팅 | 최석진 · 임동건
표지 및 본문 디자인 | 서정희 · 심재원
세무자문 | 세무법인 한울 대표 세무사 정석길(02-6220-6100)

주 소 | 서울시 마포구 서교동 468-2
이메일 | bookrose@naver.com
페이스북 | facebook.com/bookocean21
블로그 | blog.naver.com/bookocean
전 화 | 편집문의: 02-325-9172   영업문의: 02-322-6709
팩 스 | 02-3143-3964

출판신고번호 | 제2015-000126호

ISBN 978-89-6799-290-3 (13370)

이 도서의 국립중앙도서관 출판예정도서목록(CIP)은 서지정보유통지원시스템
홈페이지(http://seoji.nl.go.kr)와 국가자료공동목록시스템
(http://www.nl.go.kr/kolisnet)에서 이용하실 수 있습니다.
(CIP제어번호: CIP2016013780)

*이 책은 북오션이 저작권자와의 계약에 따라 발행한 것이므로 내용의 일부 또는
 전부를 이용하려면 반드시 북오션의 서면 동의를 받아야 합니다.
*책값은 뒤표지에 있습니다.
*잘못 만들어진 책은 구입하신 서점에서 교환해 드립니다.

자·소·서 수시 합격 45

자기소개서의 밑그림을 그리려면
어떻게 해야 할까

"자기소개서만 잘 쓰면 되는 거죠?"

자기소개서 작성 시기가 되면, 학생들이 와서 불안한 표정을 지으며 제게 이렇게 묻곤 합니다. 이런 질문에 저는 말문이 막히곤 합니다. 될지 안 될지에 대한 답을 저도 잘 모르기 때문입니다. 3학년 1학기까지 학교생활기록부에 들어가는 모든 활동을 마친 후에 학생들이 수시모집을 위해 할 수 있는 일은 그리 많지 않습니다. 아니, 거의 없습니다. 자기소개서를 작성하고, 면접을 준비하는 것밖에는 말입니다. 그래서인지 수험생들이 자기소개서 쓰기에 총력을 기울이는 것 같습니다. 이거라도 잘 써야 할지도 모른다는 생각을 해서 말입니다.

할 수 있는 한 최선을 다해서 자기소개서를 잘 써보려 매달리는 것은 수시모집을 대하는 좋은 자세일 수 있습니다. 그러나 또 한편으론 안타까운 일이 아닐 수 없습니다. 아직 수능을 보기 전인 시기에 이렇게 자기소개서 작성에 온 힘을 기울이는 것이 때로는 독이 되기 때문입니다. 물론 수시모집에서 좋은 결과를 내서 학교에 합격하면 당연히 아무 문제가 없다고 할 수 있습니다.

하지만 앞에서 제가 합격에 대한 학생의 질문에 쉽게 대답하지 못한 것과 같은 이유로 자기소개서 작성을 잘한다고 해서 합격이 보장되어 있다고 할 수는 없습니다. 정성평가이기 때문에 딱 하나의 요소만이 당락을 결정하는 것은 아니니 말입니다. 게다가 글 작성에만 집중해서 수능을 제대로 챙기지 못한 경우에는 수능 최저 합격 기준을 넘지 못해서 좌절하기도 합니다.

자기소개서 작성을 하면서도 수능을 놓지 않고 둘 다 준비해야 하는 상황에 놓인 아이들에게 자기소개서만 잘 쓰도록 최선을 다하라는 말이 쉽

게 나오지 않습니다. 또한, 마지막에 저를 찾아오는 아이들 중 대다수가 쓸 거리가 없는 경우가 너무 많습니다. 없는 글을 어떻게 지을 수도 없고, 이미 완성된 생활기록부를 바꿀 수는 더더욱 없습니다. 답을 찾을 수 없어 자기소개서 작성이 더디고 어렵기만 합니다.

그래서 무엇보다 저는 자기소개서 작성에 초점을 맞추지 말고, 그 전에 미리미리 자기소개서에 들어갈 만한 활동에 더 주의를 기울이라는 말을 합니다. 쓸 것이 풍부하면 글은 자연스레 잘 써지기 마련입니다. 고등학교 1학년부터 자신의 꿈과 진로에 대해 고민을 하며 찾아가라는 이야기는 귀에 못이 박이도록 들었을 것입니다.

그런데 여기서 '어떻게?'라는 질문을 하나 더 추가하고 싶습니다. 계획 없이 이것저것 건드리기만 한 경우, 되레 좋지 않은 모양새가 나올 수 있습니다. 나중에 자기소개서를 쓸 때를 고려하여 활동을 차곡차곡 쌓아가면 학생부종합전형이 그리 어렵고 멀기만 한 전형은 아닐 것입니다.

이 책은 그런 의미에서 쓰였습니다. 마지막에야 부랴부랴 자신의 부족한 활동을 포장하려 드는 안타까운 사례들을 접하며, 또 계획성 없던 활동으로 만들어진 어설픈 스토리를 보면서 좀 더 나은 자기소개서를 위한 길을 학생들에게 알려주고 싶었습니다. 그리고 미리 알고 늘 염두에 두고 준비하라고 말하고 싶습니다.

부디 자신의 이야기를 하나하나 채워나가도록 마지막의 그림을 그려두고 고교생활을 해나가시기 바랍니다. 바라건대 자기소개서 작성을 하면서 어려움을 겪지 않도록 여러분에게 작게나마 도움이 되었으면 합니다.

2016년 6월
윤의정

자기소개서를 잘 쓰는 요령 15가지

Part 2

Part 3 · 수시합격하는 자기소개서를 위한 글쓰기 방법 15가지

Part 1

자기소개서를 위한
기초체력 다지기

"자기소개서 때문에 죽겠어요."

울상을 지은 아이는 투덜댑니다. 도무지 자기소개서를 어떻게 써야 할지 모르기 때문에 저절로 죽겠다는 말이 튀어나온다고 합니다. 또 아이는 이렇게 이야기를 덧붙였습니다.

"자기소개서를 쓰는 법을 배우지 않았는데, 어떻게 작성을 하라는 건지 모르겠어요. 버려진 느낌이에요."

글쓰기 훈련을 체계적으로 하지 않는 현재의 실정에 갑작스레 등장한 자기소개서 쓰기는 참 쉬운 일이 아닙니다. 그리고 이런 아이들이 써온 자기소개서는 처참하기까지 합니다. 어디서부터 어떻게 손을 봐야 할까 고민스럽기도 하고요. 기초부터 차근차근 다시 설명하고, 자기소개서 작성 방법에 대해 지도를 하며 제대로 된 글쓰기를 부랴부랴 할 수밖에 없습니다. 급조된 글쓰기라 힘도 들고 완성도가 조금 떨어지는 경우도 있지만, 그래도 아무런 노력을 하지 않은 글과는 차이가 날 수밖에 없습니다.

그런데 그것보다 가장 추천하는 방법은, 평상시에 글쓰기 훈련을 하거나 자기소개서 준비를 해두는 것이겠지요. 그런 준비 과정을 좀 더 원활하게 돕기 위해 제가 이런 책을 쓰게 된 것인지도 모르겠네요. 고3에 이르러 부랴부랴 여러 좋다는 팁들을 모아 '나의 글이 아닌 글'을 완성하는 것보다는 나 자신의 '글쓰기 체력'과 쓸 거리를 준비해두는 것이 좋은 자기소개서의 기본이기 때문입니다. 그래서 저는 자기소개서를 위한 준비사항부터 완성에 이르기까지 다루고자 합니다. 그리고 이 장에서는 무엇보다도 글쓰기를 위한 기초 준비 작업을 다루고자 합니다.

자기소개서 작성의 반은 저는 준비라고 생각합니다. 흔히 '구슬이 서 말이어도 꿰어야 보배'라고 하는데요. 제가 봤을 때 자기소개서에 한해서는 그 '구슬 서 말'을 준비하는 것이 훨씬 더 중요한 일이라고 보입니다. 쓸 것이 없는데 지어서 소설처럼 만들어 쓸 수도 없는 노릇이니 말입니다.

전에 만났던 한 학생이 이런 말을 하더군요. '말(글)로 꽃을 피운다'고 말입니다. 진짜 별거 아닌 일을 별것처럼 거창하게 꾸며서 쓰는 능력을 비아냥대듯이 한 말이었습니다. 이 말을 한 아이는 당연히 글을 잘 꾸며 쓰는 능력이 부족했습니다. 덕분에 자신보다 더 부족한 활동을 한 애들에 비해서도 예쁜 자기소개서를 써내지 못했습니다. 그렇지만, 결과는 이 학생이 훨씬 좋았습니다. 더 좋은 학생부를 가지고 있었기 때문이죠.

자기소개서는 어떤 의미로는 보조적인 역할이라고도 보입니다. '잘 써서 붙는다기'보다는 '못 쓰면 떨어지는 데 영향을 준다'고 설명하면 이해가 좀 되리라 생각됩니다. 그러므로 우리는 적어도 지어서 쓰는 '자소설'은 더는 만들면 안 되겠죠. 준비를 철저히 하는 것이 합격에 더 가까워지는 길이라 하겠습니다.

대입 수시합격을 위한
자기소개서 작성 준비운동 15가지

01

출결 상황은 흠잡을 데 없도록 관리해야 한다

영재는 동아리에 죽고, 동아리에 삽니다. 동아리라면 잠을 줄여가면서라도 활동을 꼬박꼬박 해가고, 보고서도 자기가 자처해서 쓸 정도로 열성적인 아이입니다. 덕분에 아이는 동아리 기장이 되기도 했습니다. 게다가 이런 적극성은 학생부에 고스란히 담겨 기록으로 남았습니다. 아이는 동아리를 통한 상도 받고, 리더십과 협동심까지 갖춘 우수한 아이라는 것이 입증되었습니다.

성적도 그럭저럭 나쁘지 않았습니다. 반에서 5등 정도의 성적을 받던 아이는 학생부종합전형을 노린다고 했습니다. 학생부를 실제 보기 전까지는 아이의 모든 조건이 긍정적으로 보였습니다. 성적도 좋고, 활동도 있고 별로 나무랄 데가 없었습니다. 그러한 데다가 눈높이도 아주 높지 않고, 딱 자신이 원하는 정도가 명확했습니다. 합격의 희망을 품고 자기소개서만 잘 쓰면 큰 무리 없겠거니 편한 마음을 먹었습니다.

그런데 문제는 예상치 못한 곳에서 발생했습니다. 며칠 후 가져온 아이의 학생부는 조금 놀라운 기록을 가지고 있었습니다. 아이는 지각을 생각보다 아주 많이 했습니다. 그것도 특별한 이유 없이, 그저 늦잠을 잤기 때문에 말입니다. 한눈에 봐도 심하게 잦은 지각이 보여 걱정이 어리기 시작했습니다.

"영재야, 이거 아무래도 어려울 것 같은데?"

"왜요?"

"출결 상황이 너무 안 좋잖아. 지각을 이렇게 많이 했는데, 너 같으면 뽑겠니? 한 눈에도 불성실해 보이잖아."

"그래도 어떻게 안 될까요?"

아이는 고집을 부렸습니다. 솔직히 딱히 다른 방법도 없었고, 정 원한다면 그냥 희망하는 학교와 학과에 지원하라고 했습니다. 결과는 뭐 언급할 필요도 없이 불합격이었고요. 아이는 슬퍼했지만, 어쩔 수 없다는 사실을 받아들여야만 했습니다. 자신이 지각을 많이 했다는 것은 빼도 박도 못하는 사실이었으니 말입니다.

학생들의 학생부를 자주 접하면서, 저도 의식하지 못한 채 얻게 된 습관이 있습니다. 먼저 출결 상황부터 확인한다는 것입니다. 비단 영재의 일을 겪으면서 시작된 것은 아닙니다. 무엇보다 인재상이든 적극성이든 보기 전에 가장 중요한 것은 성실성이므로, 그 판단의 잣대로 보게 된 것입니다. 아니나 다를까. 출결 상황이 형편없는 친구들은 대체로 불성실했습니다.

무척 간단한 논리지만, 가장 지키기 어려운 것이 바로 '꾸준히 원칙을 갖고 노력하는 것'입니다. 우리 아이들에게도 화려한 비교과 활동을 채우기에 앞서, 가장 먼저 기본을 갖추려 해야 한다는 것을 알려야겠죠. 흠이 되지 않도록 웬만하면 지각과 조퇴, 결석은 없게 성실한 학교생활을 기록하도록 말입니다.

02

수상 경력은 개수가 아닌
진로와 관계있는지가 중요하다

지현이는 학생부에 수상 경력이 특별하게 우수하지는 않아도, 남부럽지 않을 만큼은 갖춘 아이였습니다. 워낙 우수한 아이들이 많아서 수상 내용만 두 장을 빼곡히 채우는 아이들도 보았던 터라, 한 장이 조금 못 되는 분량은 아주 많은 편은 아니었습니다. 그렇다고 부족하다고 할 수도 없었고요. 언뜻 보기엔 내신 성적과 수상 내용의 조합만으로도 나쁘지 않은 자기소개서가 나올법한 상황이었습니다.

그런데 막상 자기소개서를 쓰려다 보니, 아이는 너무 힘들어했습니다. 아이의 수상 경력에는 치명적인 약점이 있었기 때문입니다. 아이는 자연계였고, 이공 계열을 지망했습니다. 그런데 수상은 모두 문과에 관련된 것들밖에 없었습니다. 영어와 글쓰기, 토론 등으로 전혀 다른 분야였습니다. 누가 봐도 맞지 않는 진로 희망과 수상 내용에 자연스레 의문이 생겼습니다. 대체 왜 이런 상을 받았는가에 대해서 말입니다. 그리고 아이에게도 물었습니다. "생명과학자를 꿈꾼다면서 왜 이런 대회에 나가서 이런 상을 받았느냐"는 질문에 대한 아이의 대답은 빈약한 논리에 기댄 변명들이었습니다.

"지현아, 근데 너 수상 내용이 문과 관련한 것들밖에 없어서 생명과학으로는 연결성이 떨어지는데. 대체 왜 이렇게 상을 타게 되었니?"

"제가 실은 문과가 더 맞는 것 같은데, 취업 때문에 이과로 왔어요. 그런데 이과 분야 상은 못 받을 것 같더라고요. 그래서 뭐라도 받아야겠다 싶어서 나간 대회가 그런 것들이었어요."

아이를 나무랄 수도 없는 노릇입니다. 자신이 원하는 학과를 선택해서 공부했던 것도 아니고, 재능이 있던 것도 아니었기 때문입니다. 어떻게 보면, 우리 아이들 대다수가 유사한 문제를 가지고 있을 수 있습니다, 꿈과 현실의 괴리와도 같이 말이죠. 실제 학생들을 만나다 보면, '취업에 유리하니깐, 학교 가기 쉬우니깐'이라는 다채로운 이유로 자신의 진로적성과 무관한 계열을 선택하고 학과를 희망하기도 합니다. 근원적인 문제일 수밖에 없는 상황이었던 것이죠.

그러나 학생부종합전형이 중요한 지금의 상황에선, 진로 선택이 무척 중요한 문제일 수밖에 없습니다. 자신의 흥미와 적성을 잘 고려해서 진로를 선택해야 지현이와 같은 문제에 놓이지 않게 됩니다. 수상이 진로와 거리가 있으면, 당연히 성과로 이어지기 어렵기 때문이죠.

결국, 지현이는 자신의 흥미와 적성을 좀 더 고려해서 학과를 정했습니다. 이를 위해 가장 적합한 학과를 마지막까지 고민하느라 시간을 쓸 수밖에 없었습니다. 문과와 이과의 경계가 견고하지 않은 융합형 공부가 가능한 학과로 선택했죠. 그리고 자신이 가장 선호했던 학교는 아니지만, 만족할만한 E 대학교에 입학하게 되었습니다. 지원했던 다른 모든 학교는 떨어지고 단 하나의 학교에 아슬아슬하게 합격해, 다행히 재수를 면했던 사례로 기억이 납니다.

그렇습니다. 수상 내용이 아무리 많아도 자신의 꿈과 제대로 관련성을 갖지 못한다면, 이런 사태를 일으킬 수 있습니다. 실제 지현이보다 더 많은 상을 받았던 경우도 본 적이 있습니다. 물론 그 시기엔 지금처럼 수상 규정이 까다롭지 않아서 상의 개수도 수상자도 좀 더 자유롭던 시기이긴 합니다. 지금은 전체 수상인원이 참가인원의 20% 비율을 넘지 않도록 권고하고 있습니다. 물론 학교장의 권한으로 조정할 수 있지만, 기존보다는 좀 더 제한적인 것은 사실입니다.

그러나 지금처럼 바뀌기 이전에는 말 그대로 상이라고 붙여진 것이지만, 실제 의미가 크지 않았던 것들도 많았습니다. 이과를 지망하는 학생에게 편지쓰기 대회에 참가했던 기록이 크게 영향을 주지 않는 것과 마찬가지로 말입니다. 편지쓰기 대회라니 농담이냐고 하실 수도 있지만, 한때는 정말 있던 상이기도 합니다. 기준이 명확할 때야 아무 상이든 상관이 없었기 때문이죠. 오히려 기준이 명확하니 지금은 이런 폐해는 줄었습니다. 대회도 명확한 기준을 따라 정해진 것만 진행되고, 따라서 학생들은 무리해서 아무 대회나 나가지 않아도 되니 말입니다.

학생부종합전형을 전략적으로 준비하고자 한다면, 이제는 '아무거나' 더 따서 학생부를 채우려는 것보다는 자기의 진로와 전공을 최대한 고려하는 방향으로 '알찬' 수상 경력을 만드는 것을 권합니다. 훨씬 더 도움이 될 것입니다. 또 그래야 자기소개서 쓸거리 찾기에도 어려움을 겪지 않을 수 있습니다.

03

자격증과 인증은 관심 분야가
아니면 연연할 필요가 없다

"한국사능력검정시험은 기재 가능한가요? 국어능력인증시험은 기재 가능한가요?"

제도가 바뀌며 가장 많이 듣던 이야기 중의 하나입니다. 지금은 많은 분이 익숙해졌지만, 기존에는 외부 자격증이나 인증시험을 모두 기재할 수 있게 했던 적이 있었습니다. 하루아침에 교육부 방침에 따라 금지되었지만 말입니다. 저는 이게 금지되면서, 학부모와 아이들의 부담을 아주 크게 줄여주었다고 생각합니다. 외부 자격증과 인증시험은 그 범위가 너무 넓어 어디까지 아이들이 해낼 수 있을지 가늠할 수가 없습니다. 그러니 과도한 경쟁과 무리한 사교육을 낳게 될 수밖에 없기도 하고 말입니다.

몇 해 전까지 자격증과 인증시험의 홍수였던 시절이었습니다. 대부분 아이들은 한국사능력검정시험을 비롯해 TEPS 등의 외국어능력시험과 HSK 등의 제2외국어 시험, TESAT(경제이해력 검증시험)까지 할 수 있는 한 모든 자격증이나 인증시험을 치르고, 받은 등급을 학생부에 기재하려 했습니다. 그리고 실제 일부가 여러 자격을 갖춘 후에 좋은 학교에 합격이라도 하면, 우루루 몰려가서 똑같이 자격증이나 인증을 취득하려고 노력했습니다.

이런 것은 사교육을 유발하고, 학생들에게 부담감을 가중할 수밖에 없었습니다. 혼자서 제2외국어나 영어 공인인증시험 등을 준비하는 학생들은 극히 드물 수밖에 없기 때문이죠. 게다가 앞에서도 계속 말씀드린 것과 같이 우리 아이들은 수상도 해야 하고, 자격증도 갖춘 데다가 공부도 잘해야만 합니다. 공부 시간도 넉넉지 않은데, 자격증까지 따려니 아이들이 선택할 수 있는 건 족집게 수업이나 밤샘 공부밖에는 없었습니다.

이는 아이들뿐만 아니라, 부모님들에게도 고통이었습니다. 또 열심히 해도 결과를 장담할 수가 없기도 했습니다. 실제로 영어 공인인증성적을 일정 수준 이상 얻으려고 수차례 도전해도 결국 제자리걸음이었던 아이들을 심심치 않게 볼 수 있었습니다. 그런 아이들을 보면서 차마 '차라리 수능에 매진하는 게 어때?'라는 말을 꺼내지 못하고 삼키곤 했습니다.

지금 돌이켜 보면 왜 그때 뜯어말리지 않았는지 후회가 되긴 합니다. 아이가 그 시간을 수능 공부에 더 쏟았다면, 결과가 오히려 더 좋았을 수 있겠다는 생각이 듭니다.

지금은 다행스럽게도 학생부에 기재 가능한 자격증이나 인증시험이 많이 줄어들었습니다. 국어능력인증시험이나 경제이해력검증시험 정도는 가능하지만, 대부분의 공인인증시험은 기재조차 불가능합니다. 그러니 자기소개서에 언급할 수가 없기도 하고요. 학생부에 없는 내용을 자기소개서에 쓰는 것은 대부분이 금지되어 있습니다. 따라서 아이들이 굳이 추가적인 시험을 통해 능력을 보여야 하는 상황은 아닙니다.

그러나 여전히 자격증과 인증시험에 대한 일종의 불안감은 있는 것 같습니다. '그래도 뭐라도…….' 하는 심정으로 도전하곤 하니 말입니다. 물론 일부 특기자전형에서는 영어나 제2외국어 능력이 합격을 좌우하니, 도움이 될 수도 있습니다. 외국어고등학교 재학생들이 많이 노리는 전형 중 하나도 바로 이것이기도 하고요. 하지만 아시다시피 외국어고등학교는 수업 자체가 영어와 제2외국어가 가장 많고, 학교 커리큘럼을 통해 충분히 그 능력을 갖출 환경이 됩니다. 일반고 학생들에게까지 그럴 필요가 있는지는 조금 의문이 듭니다.

또한, 전공과 큰 연결성이 없는 사족(蛇足)과도 같은 자격증은 딱히 그 영향력을 보이지도 않기도 합니다. 예를 들어서 국문학과를 가고자 하는 학생에게 경제이해력검증시험 등급이 갖는 의미는 매우 미비하다고 생각됩니다. 그리고 자기소개서에서도 풀어서 쓸 수 있는 연결고리를 찾아보기 모호하고 말입니다. 그뿐만 아니라, 이 시험은 공부도 쉽지 않습니다. 그걸 준비하는 시간에 차라리 수능이나 내신 공부에 더 매진하라고 하고 싶습니다. 아시다시피 창의적 체험활동의 증가와 학생부종합전형의 확대는 우리 모두의 관심을 사로잡았습니다. 너도나도 준비 중입니다.

물론 자기의 특별함을 강조하는 여러 활동이나 자격증이 있다면야 나쁘지 않겠지만, 그런데도 가장 당락을 결정짓는 요소는 '내신 성적'임을 잊어서는 안 됩니다. 그러니 제가 만약 자격증이나 인증시험에 목을 매는 친구를 다시 본다면, 이번에는 적극적으로 말리고 싶군요. "그 시간에 내신이나 수능 공부에 더 매진하렴"하고 말입니다.

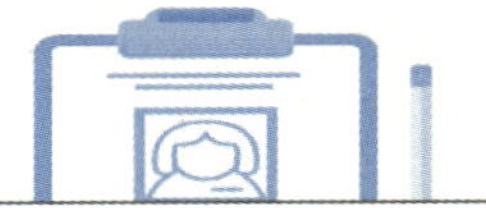

04

희망진로를 바꿀 때는 근거가 있어야 한다

"야, 아무래도 이거 안 되겠다. 희망진로를 바꾸는 게 어떨까?"

학생들에 따라서 고3 때에 이르러 이런 조언을 하는 경우가 있습니다. 아주 많은 것은 아니지만, 또 그렇게 보기 드물지도 않습니다. 자신의 꿈과 준비사항이 일치하지 않을 때 일어나는 일이니 말입니다. 우리 아이들이 처음부터 완벽하게 자신의 꿈을 향해 한 치의 오차도 없이 정진했다면 또 모르겠지만요. 인간인 데다가 우리 아이들은 아직도 성장 중인 터라 자신이 처음 생각했던 것과는 전혀 다른 감정적인 선택을 통해 활동하기도 하고, 뜻했던 것과는 다르게 결과를 만들어오기도 합니다.

상우는 1학년과 2학년의 진로희망란에 '의사'라고 써두었습니다. 그런데 학생부종합전형으로 의대를 가기에는 조금 성적이 부족해 보였습니다. 끝까지 의사로 유지하고 시험을 볼까, 아니면 다른 것으로 바꾸어 진학에 유리하도록 할까 고민하던 아이는 결국 3학년에 이르러 진로희망란을 '약사'로 바꾸었습니다.

이후 아이는 생명공학과나 화학과로의 진학을 노렸습니다. 하지만 자신의 성적대로 합격할 수 있는 학과를 가려던 아이는 자기소개서를 쓰면서 고통스러운 시간을 보내야만 했습니다. 제대로 된 글이 잘 나오지 않았기 때문이죠. 의사에서 약사로 바꾸게 된 계기도 그렇고, 그를 위한 준비도 적절하지 못했습니다.

결국, 아이는 수시가 아닌, 정시로 학교에 가게 되었습니다. 차라리 자기소개서를 쓰느라 허비한 시간을 아꼈다면, 수능에서 지금 받은 것보다 더 좋은 성적을 받았을지 모른다는 후회도 더불어 하게 되었고요.

3학년이 되어 성적이 부족해서, 합격률을 높이기 위해서 원래 생각했던 것과는 다른 진로희망을 기재하는 경우도 있습니다. 솔직히 생각보다 꽤 많은 편입니다. 아이들 입장을 충분히 고려하고 그 시선으로 본다면, 바꾸는 것도 일리가 있는 선택이라고 생각합니다. 2학년까지를 진로 탐색을 위한 시간으로 생각해보아도 되고요.

그렇지만, 이 과정에서의 '합리적 근거'는 반드시 있어야만 합니다. 그냥 무턱대고 바꾸면 그 과정에서 고생이 이만저만이 아닙니다. 그리고 실제로 이 과정에서 제대로 된 대처를 하지 않아 합격하지 못한 아이들도 많이 보았습니다.

　상은이는 강남의 한 학교에서 전교 7등입니다. 성적 향상도 좋았고, 자기 관심 분야에서만큼은 나름대로 열심히 공부를 해왔다고 자부할 수 있습니다. 또 활동도 많이 했습니다. 그런데 S 대학교를 꿈꾸던 아이는 자신의 진로희망과 상관없는 학과를 결국 선택해서 일반전형으로 지원했습니다. 솔직히 등수 상으로는 아슬아슬하긴 하지만, 또 불가능하지도 않다는 입장이었습니다.

　결국, 아이는 마지막 원서 지원에 앞서 사범대의 한 학과를 선택했습니다. 작년도 경쟁률과 주변의 조언을 듣고 선택했던 것입니다. 그런데 진로희망과는 달리 끼어 맞춘 듯한 사범대로의 지원은 악수(惡手)였습니다. 개연성 없는 자기소개서를 반말로 작성해서 대충 제출했을 뿐만 아니라, 탈락의 고배를 마시고 재수를 선택했습니다. 내신 성적에 비해, 1년의 추가 공부는 아이를 꽤 고생스럽게 만들었습니다. 그리고 다시 준비해서도 S 대학교는 가지 못 했고요.

　이 반대의 경우도 있었습니다. 진로희망란을 의미 있게 적어 합격의 기쁨을 맛보았던 경우를 들 수 있습니다. 지금도 이 학생은 잊혀지지 않는 기억으로 남아있기도 합니다. 3학년 때 진지하게 아이와 장시간의 대화 끝에 스스로 진로희망을 결정하고 학생부에 기재한 후, 술술 써 내려 간 자기소개서로 당당히 명문대학교에 합격했으니 말입니다.

명수는 1학년 때 희망하던 직업이 '심리치료전문가'이었습니다. 그러다가 2학년 때는 갑자기 '검사'로 바뀌었더군요. 문제는 아이는 이과였다는 것입니다. 로스쿨을 가면 되니 검사가 되고 싶다는 의견을 써두어도 상관은 없지만, 아무래도 적합한 진로가 없어서 학생부종합은 어려울 것 같았습니다.

아이는 꽤 똘똘하고 생각도 깊은 듯했습니다. 읽었던 책들도 아주 깊고 심오한 내용이 많았고요. 학생부에 기재되어 있는 활동들도 실험과학동아리에서 장을 했던 것, 보고서를 작성했던 것, 학급회장을 했던 것들로 탄탄한 내용이 가득했습니다.

문득 아이가 이런 선택을 했던 이유가 궁금해서 한참 토론을 했습니다. 장시간의 토론 끝에 아이가 생각하는 세상은 '모든 사람의 마음이 따뜻하고 살기 좋은 세상을 만드는 것'이라는 것을 알았습니다. 그리고 그를 위해 사회정의를 실현하는 길이 아닐까 생각했다고 합니다. 그런 의미로 마음이 병든 사람들을 고쳐나간다는 생각에서 힘을 갖춘 검사로 이어졌다는 것입니다. 그래서 저는 좀 더 근원적으로 생각해보라고 했습니다.

"물론 세상을 바꾸는 것은 더 큰 권력과 힘이 필요하겠지만 말이야. 네가 처음 생각했던 것과 연결성을 갖고 생각해보자. 마음이 아픈 사람들, 그리고 범죄를 저지르는 사람들. 직설적으로 표현하자면 사이코패스 같은 사람들은 무엇이 문제일까?"

순간 아이는 무언가 깨달았다는 듯 눈을 반짝였습니다. 그리고 얼마 후 완성된 자기소개서를 들고 왔습니다. 아이는 뇌와 법의학을 공부하고 싶다는 이야기로 자신의 미래의 그림을 그려왔습니다. 평상시 책을 많이 읽었던 아이는 웬만한 어른이 쓴 것보다도 더 우수한 글을 써왔더군요. 나무랄 데 없는 글을 보며, 아이에게 마지막으로 한 마디를 전했습니다.

"꼭 이 땅에 공감하지 못하는 사람들을 고치고, 범죄 없는 살기 좋은 세상을 만들어주렴."

"네, 선생님."

그렇지 않아도 예리하게 빛나던 눈에 자신감을 가득 담은 아이는 그렇게 공손히 인사하고 집으로 향했습니다. 당연히 아이는 원하던 학교인 Y 대학교에 당당히 입학했습니다. 그리고 지금도 열심히 공부 중입니다. 아마 명수가 자신의 꿈을 제대로 펼치는 그 날, 이 땅이 더욱 살기 좋은 세상에 가까워질 수 있겠다는 기대감도 조금 느끼게 되었습니다.

길을 몰라서 조금 헤맬 수는 있습니다. 아직 덜 성숙했으니 당연합니다. 그 길을 알 수 있도록 돕는 것이 어른의 역할이겠죠. 그러면 아이들은 알아서 잘 성장하더군요. 무엇인지 정확하지 않지만, 해오던 것이라면 조금 틀을 잡아가는 데 도움을 주시면 좋겠습니다. 이건 누구든 좀 더 세상을 살아본 분들에게 부탁하고 싶습니다.

05

학급회장을 못해도 실망하지 말라

"틀렸어요……."

하루는 유정이가 씩씩대면서 저를 찾아왔습니다. 이번에는 반드시 학급에서 회장을 해서 학생부에 쓸거리를 채우리라는 마음가짐으로 도전했었는데, 보기 좋게 실패했다고 합니다. 그러면서 놀랍게도 반에서 너도나도 다 학급회장이 되고 싶다고 하는 통에 기회를 잡기 어렵다는 말을 덧붙였습니다. 아무래도 학생부종합이 대세다 보니 학급에서 회장직이나 부회장직을 맡고자 하는 친구들이 늘어나고 있습니다. 리더십을 입증할 기회로 작용하기 때문이죠. 그런데 아시다시피, 이 직책은 많아야 반에서 한두 명 정도입니다. 누구나 하고 싶다고 전부 할 수 있는 것이 아니죠.

"유정아, 그럼 다른 임원활동은 없어?"

"그냥 학급 임원 있긴 한데, 의미가 없어서요."

"그래도 네가 하고 싶은 것과 가장 가까이 있는 것 없어?"

"음……, 그나마 도서부장이 나을 거 같아요."

다행히도 아이는 도서부장이 되었습니다. 아이는 방송을 제작하고 싶어 합니다. 그런데 딱히 학과와 맞는 활동도 없었습니다. 학급회장은 어떤 꿈을 갖든 리더십을 보여주는 데는 참 유용한 경험입니다. 하지만, 되지 못했다고 해서 실망할 필요는 없습니다. '어느 역할을 맡았는가'보다 더 중요한 것은 '어떤 일을 자신이 주체적으로 행했는가'이기 때문입니다.

유정이의 경우만 해도 그렇습니다. 아이는 도서부장으로서 무언가 함께 도모할 것들이 없을까를 찾아보았습니다. 그리고 도서 기증 및 대여를 선생님께 건의를 드렸고, 학급회의를 통해서 실행할 수 있었습니다. 도서 대여 상황을 기록하는 것부터 관리를 도맡아 했고, 이 기록이 쌓일수록 아이의 활동도 더 그 양이 늘어갔습니다. 아이는 학급회장이 되지 못했지만, 오히려 자신이 의미를 갖고 실천으로 옮겼던 경험을 깊이 있게 남길 수 있었습니다.

이런 유사 사례는 심심치 않게 접하게 됩니다. 미화부장으로서 환경미화를 열심히 했던 경험, 총무부장으로서 회계 관리를 잘했던 경험들도 모두 다 활용 가능합니다. 그리고 오히려 자신이 관심 있고, 되고자 하는 분

야가 명확하다면, 목표의식을 갖고 이런 세부 활동에 더 관심을 갖는 것도
방편이 될 수 있다고 조언하기도 합니다.

　준영이는 학급에서 임원직을 맡지는 못했습니다. 그렇지만 무언가 학
급을 위해 자신이 할 일이 없을까 고민하던 차에, 체육대회가 가까이 다가
왔다는 사실을 깨달았습니다. 준영이는 노래를 잘하거나 춤을 잘 춘다고
할 수는 없지만, 누구보다 흥이 넘친다고 자신했습니다. 그래서 '응원단
장'을 맡겠다고 자처했습니다.

　마침 서로 나서지 않는 일이기도 했고, 준영이를 알던 친구들이 모두 환
영을 해서 아이는 응원단장이 되었습니다. 그리고 누구보다 열정적으로
응원을 준비했습니다. 아쉽게도 체육대회에서 반이 좋은 성적을 거두지는
못했지만, 모두가 한 마음으로 신나게 응원을 해냈습니다. 덕분에 모두가
동질감을 느끼며 더욱 화기애애한 반 분위기를 만들었다는 사실에 공감했
고 말입니다.

　준영이는 자신이 한 일을 통해 자신의 가치와 열정이 인정받았다는 사
실에 더욱 자신감을 느끼게 되었습니다. 앞으로 무엇을 하든 잘해낼 수 있
을 것만 같기도 하고요.

　학급에서 임원마저도 하지 못하는 아이들도 많습니다. 임원도 자신의 성
격이 적극적이지 않아서, 제대로 자원하지 못해서 기회를 놓쳤다고 말이죠.

이럴 때도 앞에서 드렸던 말씀과 같은 맥락으로 답을 드릴 수 있습니다. 중요한 것은 '감투'가 아니라고 말입니다, 학급 임원이 아닐지라도, 적극적으로 참여했다든가 학급에서 진행되는 일에 보탬이 되려고 노력했던 경험이 있다면, 이를 살려서 잘 기재할 수 있습니다. 그렇기 위해서는 무엇보다 학교생활에 적극적이어야 하겠죠.

학생부종합전형으로 선발하고자 하는 인재는 적극성을 가졌는지가 중요하답니다. 따라서 되도록 임원이 되면 좋겠지만, 그것이 아니더라도 참여를 정말 열심히 한다면 좋은 자기소개서 쓸거리로 활용될 수 있습니다.

06

축제를 준비하며 배우는 것들을 찾아보자

"희재 때문에 걱정이에요. 축제에 모든 걸 다 걸은 것처럼 굴어서요."

희재 어머니께서 한숨과 함께 답답한 마음을 토로하셨습니다. 희재는 학생부종합전형에 지원하고 싶어 했습니다. 그동안 꽤 많은 활동을 차근차근 해왔습니다. 그런데 그것도 부족하다고 느꼈는지, 이번에는 축제 참여에 푹 빠져 있습니다. 한 달 가까이 축제만 바라본 듯 말입니다. 동아리에서 참여하는 것은 물론이고, 학급에서 하는 활동까지 모두 다 하려는 욕심에 하루 시간이 부족할 정도라고 합니다.

아이의 선택이 꼭 나쁘지만은 않다고 생각은 했지만, 조금 심하다는 마음이 들긴 했습니다. 축제가 아무리 중요하다고 할지라도 학교에서 가장 우선시하는 건 수업과 학습활동일 텐데 말입니다. 약간 주객(主客)이 뒤바

뀐 듯하다고 보여서 여러 차례 아이를 설득했지만 요지부동(搖之不動)이었습니다. 아이는 결국, 아이는 축제가 끝나서야 정신이 든 듯 일상생활로 돌아올 수 있었습니다.

"그래, 축제는 잘 마쳤니? 거의 축제만 했다고 할 정도로 열심히 참여했잖니?"

"네, 정말 열심히 했어요!"

"그래, 그럼 축제를 하며 뭘 배웠니?"

"네? 그냥 좀 힘들었다는 거……?"

아이는 딱히 특별한 대답을 하지는 못했습니다. 그것보다는 '힘들었다', '짜증이 났다', '즐거웠다' 하는 감정적인 묘사를 주로 했습니다. 제가 물었던 것은 정확하게 '배운 게 무엇이었느냐'는 것이었는데 말입니다.

우리 아이들이 자기소개서를 쓰기 어려워하는 이유 중 하나가 바로 이 점에서 비롯된다고 저는 생각합니다. 뭔가를 열심히 하지만, 그게 무엇인지, 또 왜 했는지를 잊기 때문입니다.

아이가 축제에 그렇게 열심히 참여했다면, 저는 그 안에서 더욱 깊은 일상의 의미를 찾고 뭔가 깨닫기 바랐습니다. 예를 들면, '시간을 투자한다고 했지만 결과가 그 투자에 비해 미미했기 때문에 시간 활용을 제대로 못 했다는 것을 알았다'라든가 '같이 하는 활동에서 계획을 세우고 할지라도 실제 지켜지려면 여러 사람이 같은 마음으로 움직여야 한다'라는 식의 보다 구체적이고 현실적인 이야기를 말이죠. 아이는 미처 거기까지 생각해본 적은 없는 듯했습니다.

물론, 아이가 느낀 감정이 비슷한 상황에서 생긴 것이긴 했습니다. 아이가 느꼈던 감정인 '힘들었다'는 것의 이유는, 열심히 하려는데 비협조적인 아이들이 있었다든가 또는 시간 활용을 제대로 못 해서였습니다. 하지만 당장의 활동에 급급해 생각해본 적은 없던 것이죠.

이렇게 배운 점이나 느낀 점의 실체를 제대로 파악해보지 않고, 그저 막연하게 감정으로만 담아두면, 시간이 지날수록 흐려지기 마련입니다. 그러면 또 자기소개서를 작성할 때에 기억나지 않아 머리를 쥐어짜서 만들어내게 될 수 있습니다.

자신이 그 상황에 무엇을 배웠는지 행동으로 옮기며 그 상황마다 '배운 점'을 찾아보기 바랍니다. 그러면, 나중에 글쓰기에서 어려움 없이 표현될 수 있으니 말입니다. 게다가 축제는 누구에게나 참여의 문이 열려있습니다. 특별한 활동을 할 상황이 아니라 할지라도, 축제만으로도 배우고 느낀 점은 자기소개서의 좋은 소재가 될 수 있습니다.

07

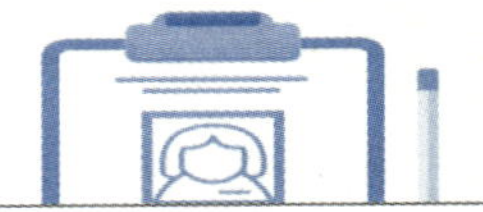

동아리 활동의 의미를 생각하자

자기소개서에서 자신이 전공 적합성을 갖춘 인재임을 드러내는 요소로 가장 적절한 것으로 동아리 활동을 꼽을 수 있습니다. 동아리는 자신의 흥미를 직접 드러나게 하는 면이 있을 뿐만 아니라, 표현의 자율도가 상대적으로 높기 때문입니다. 또 대회에서의 수상은 자신이 하고 싶다고 할 수 있는 것도 아닐뿐더러, 학생회 활동 또한 정해진 인원만 가능합니다. 그래서 상대적으로 좀 더 많은 사람에게 열려있는 자기소개서의 실마리는 동아리 활동이 쥐고 있다고 해도 과언이 아닐 것입니다.

요즘은 인기 동아리와 비인기 동아리가 나뉘어져 있으며 인기 동아리는 가입 인원 대비, 지원 인원이 많은 경우가 비일비재하다고 합니다. 인기 동아리에 들어가기 위해 3차까지 테스트를 거치기도 하고요. 자신이 원하는 동아리에 들어가지 못한 아이들은 안타까움을 호소하기도 합니다.

바로 이런 아이들을 위해서 만들어진 것이 있습니다. '자율동아리'가 그것인데요. 공식 동아리처럼 오랜 기간 유지되어온 동아리들도 있겠지만, 만약 뜻대로 가입하지 못했을 때 뜻을 같이하는 친구들끼리 모여 새롭게 개설하는 것을 말합니다. 학교마다 방침이 조금씩 달라서 자율동아리 구성이 자유로운 곳도 있고, 그렇지 못한 곳도 있긴 합니다. 그러나 대체로 열정을 가진 학생들은 나름대로 잘 만들어서 활동하던 것을 목격해왔습니다. 만약 원하는 공식 동아리 활동이 여의치 않으면 차선책으로 권하고 싶은 방법입니다.

이렇듯 동아리가 중요한 역할을 담당하고 있음에도 불구하고, 막상 자기소개서를 작성해서 가져오는 아이들을 보면 당혹스러움을 멈출 수 없게 되는 경험을 하게 되기도 합니다. 예상외의 이야기들로 가득 차 있거나, 아무런 내용이 없거나 해서 말입니다.

민정이는 공부도 잘하고, 성실한 아이로 정평이 나 있었습니다. 전교 3등의 우수한 성적으로 학교장 추천 전형으로 K 대학교에 지원을 하기도 했습니다. 경제학과를 꿈꾸는 아이는 동아리도 경제동아리였습니다. 딱 들어맞는 동아리와 진로희망에 어려움이 없이 자기소개서를 썼으려니 막연한 판단을 했던 것 같습니다.

그런데 아이가 완성해서 가져온 자기소개서는 말을 늘려 쓰느라 고생한 흔적 이외에는 도무지 의미 있는 이야기들을 찾아보기 어려웠습니다.

자율동아리로 자신들이 구성해서 만들었다던 동아리의 이름만 거창하고 멋질 뿐, 딱히 동아리 활동에서 인상적인 면이 없었습니다. 소재도 좋고 충분히 좋은 상태인데, 왜 이렇게 글을 써왔는지 궁금해졌습니다.

“민정아, 왜 동아리 내용이 이렇게 없어? 너 OOO 경제 동아리 활동했다면서? 그것도 네가 동아리장이었다고 했잖니.”
“선생님, 그게 실은요……. 만들어놓곤 그냥 경제 책 보면서 문제집 푼 게 전부라서 딱히 쓸 말이 없어요…….”

아이도 부끄러운 듯 고개를 숙이며 기어들어가는 목소리로 간신히 말했습니다. 아쉽게도 동아리 이름만 거창하고 활동으로만 기재되어 있을 뿐, 자기의 기억에 제대로 남는 것은 없었나 봅니다. 동아리를 만들어서 드러내는 것 이상으로 자기소개서에서는 그 의미를 아주 구체적인 경험과 함께 기술해야만 합니다. 당연히 이렇게 유명무실한 동아리 활동은 소용이 없을 수밖에 없습니다.

어쩔 수 없는 상황이지만, 그래도 없는 말을 지어낼 수 없었습니다. 무엇이라도 해야만 해서 아주 작은 기억의 조각이라도 찾으라고 했던 것 같습니다.

“그래도 친구들과 함께 토론하거나 경제 문제로 조금이라도 이야기했던 것은 없어? 서로 경제 책을 보며 질문했다던가. 그런 것이라도 모조리 기억해서 찾아봐. 혹시 잊고 있는 것이 있을지 모르니까 말이야. 아무런 내용도 없는 동아리 활동은 쓰는 의미가 없어. 무엇이든 찾아보는 것밖에 지금은 뾰족한 수가 없단다."

그 후 아이는 집에 가서 동아리 활동을 하며 경제신문을 보고 간단한 토론을 했던 것을 기억해냈습니다. 그리고 인터넷에서 그 신문 기사를 찾아냈습니다. 그리고 친구들에게 물어보며 당시에 나눴던 대화들을 유사하게라도 복기했습니다. 그리하여 그 내용을 토대로 자신의 자기소개서에 써두었습니다.

볼품없던 동아리 활동이 생기를 찾는 순간이었습니다. 물론 다른 열정적인 동아리 활동에 비해 크게 두드러지는 내용은 아니었지만, 그래도 사실을 기반으로 구체적인 대화까지 기록한 덕분에 의미는 제대로 부여가 된 글이 되었습니다.

서류전형에서 아이는 모두 통과의 기쁨을 맛보았습니다. 물론, 빈약한 동아리 활동의 일부를 표현하는 터라 면접에선 제대로 자신의 역량을 다 펼치지 못하긴 했습니다. 잘 꾸며 쓰는 것보다는 역시 잘 준비하는 것이 중요하다는 것을 다시 한 번 여실히 증명한 기회가 되기도 했습니다.

결국, 민정이는 아쉽게도 K대학교 입시에는 실패했습니다. 학생부종합전형으로 다른 학교에 합격하긴 했지만, 원래의 내신 성적과 활동을 생각해보면 기대에 미치지 못한 결과이긴 했습니다. 학생부에 기재된 이름보다는 그 안의 내실이 중요하다는 것을 우리 친구들도 모두 알아두길 바랍니다. 어쨌든 면접 없이 가는 전형은 학생부종합전형에서는 많지 않기 때문에 말입니다.

08

논문을 무리해서 작성하는 게 득이 아니다

얼마 전 모교의 교수님들과 이야기를 나누었던 기억이 있습니다. 입학 처장과 교무처장을 역임하셨던 교수님께 현재 고교에서 시행되는 R&E(Research & Education, 고등학생 소논문 및 보고서)에 대해서 아시는지 여쭈었습니다. 그런데 오히려 교수님께서 뜻밖의 이야기를 하셨습니다.

"그렇지 않아도 학교로 전화가 온 적이 있습니다. 우리 아이가 학술지에 논문을 게재하고 싶은데 어떻게 하면 되겠냐고 말이죠. 도대체 지금 무슨 일들을 벌이고 있는가 싶습니다."

일순 같이 있던 모든 사람의 얼굴이 굳었던 기억이기도 합니다. 대학생활을 해보면 깨닫게 되기도 하겠지만, 논문을 작성한다는 것은 정말 쉬운 일이 아닙니다. 엄밀히 말하자면, 대학교 학부 기간에는 딱히 논문을 쓰지도 않습니다. 대체로는 보기만 할 뿐이죠. 제대로 된 논문은 석사과정과 박사과정을 거쳐서야 완성이 됩니다.

물론 우리 고등학생들이 그 정도의 수준을 쓸 수 있으리란 기대는 전혀 하지 않습니다. 무엇보다 중요한 것은 학생다운 호기심과 열정, 그리고 노력일 것입니다. 그런데 거창하게 R&E를 한다며 이름을 붙이고, 대단한 것인 양 포장하려는 것이 문제라는 것입니다. 어찌 되었든 학과에 입학하기 위해서는 교수님들을 만나 면접을 치르게 될 것인데 말입니다. 말만 번듯한 논문이 정말 온전하게 보일 것이란 생각이 들지 않았습니다.

차라리 그것보다는 정말 고등학생만이 할 수 있는 연구를 해보는 것은 추천할 만합니다. 어른들은 모르는 10대들의 정서에서 생각해볼 만한 사회문제이거나, 정말 말 그대로 순수한 호기심의 발로(發露)로서 하는 연구라면 지극히 환영할 만하다고 생각합니다. 그것이 아니라면, 다시 한 번 생각해보기 바랍니다.

“선생님, 저 이번에 R&E 할거에요.”

“그러니? 어떤 주제로 할 건데?”

“아직 정해진 건 없는데요. 에너지음료와 건강을 다룰 거라서요. 해부를 할까 해요.”

“해부? 해부를 왜 해?”

“의대를 지망하는 애들끼리 뭉쳐서 하는 거라 아무래도 해부를 해야 할 것 같아서요.”

어이없어 보이는 대화로 보일 수 있지만, 실제 있던 사례입니다. 논문을 쓰려고 한다는 아이들이 계획한 무계획적인 논문이었습니다. 그래서 아이에게 계획성 있게 논문을 쓰도록 잘 이야기를 하려 했습니다.

“너희들이 만약 해부를 한다고 치자. 과연 병리적인 것을 잘 구별해낼 수 있겠니? 이론은 있어? 혹시 그럼 선행연구는 되었니? 아니면, 변인은 정했니?”
“네?”
“학생다운 창의적이고 호기심 넘치는 발상을 해보도록 하자. 단순히 의대를 가고 싶다고 해부를 해서 좋은 논문이 나올 것 같지 않아. 오히려 그걸 나중에 교수님들이 질문했을 때, 너희들이 쉽게 대답할 수 있을 것 같지도 않구나.”
“아, 네…….”

눈이 동그래졌던 아이의 얼굴이 떠오릅니다. 아이는 정말 단순하게 논문을 쓸 때 자신의 진로와 맞추라는 이야기에만 염두 했던 것 같습니다. 물론 틀린 이야기는 아닙니다. 자신의 진로와 전혀 무관한 논문보다는 전공을 생각해서 지적 호기심 활동을 했다는 것은 플러스 요인이 훨씬 많습니다. 다만 단순히 '논문을 써보았다'라는 명목용으로 쓰는 것은 무의미하다는 것입니다. 앞에서 대화를 나누었던 재은이도 너도나도 다 논문을 쓰고, 이를 자기 꿈과 연결하는 것을 보고 판단을 했던 것일 겁니다.

아마도 제대로 실험을 하지 않고서 대충 해부를 했더라도, 소위 현재 말하는 고교생 논문은 완성되었을 것입니다. 에너지 음료를 흡입하지 않은 쥐와 흡입한 쥐의 간이나 위의 차이를 분석했겠죠. 그리고 결론은 '차이가 있다' 혹은 '차이가 없다' 정도로 아주 간단하게 기록되었을 것입니다. 중요한 건 내용은 아닐 것입니다. 이렇게 해부해서 실험을 해보고 논문을 완성했다거나 그래서 상을 받았다가 학생부에 기재되는 것만 중요하다고 생각했을 것입니다. 물론 자기소개서에 기재도 할 것입니다.

하지만, 이럴 때 중요한 사실을 하나 간과하고 있다고 할 수 있습니다. 앞서 언급했듯이 아이들을 평가하는 분들은 논문이라면 수도 없이 읽어보고, 써보고, 심사하신 분들입니다. 대충 겉치레만 한 논문과 그렇지 않은 논문을 구별하는 것은 그다지 어려운 일이 아닙니다. 자기소개서의 몇 줄과 질문 몇 마디면 판별할 수 있기 때문입니다.

거창한 데 속 빈 강정에 불과한 논문이 과연 합격을 좌우할까요? 노력해보고 시도해보는 것은 물론 칭찬할만합니다. 그렇지만 다른 이들은 대단한 연구를 하는데, 자신은 그렇지 못하다고 불안해하거나 자책하지 말기 바랍니다. 정말 호기심을 갖고 시간과 노력을 투자해 연구해볼 게 없다면 굳이 '논문'보다는 관심 있는 분야를 조사한 '리포트(Report)'도 괜찮습니다. 단, 그럴 때도 '속 빈 강정'이 아니라 '진짜 조사를 한다'는 가정 하에 말입니다.

09

봉사활동에도 일관성이 있어야 한다

현수는 봉사왕입니다. 마치 다른 사람을 위하는 삶이 인생목표인 양, 정말 많은 봉사를 해왔습니다. 희망하는 학과도 사회복지학과이어서 자기 스스로 '봉사를 위해 시간을 아낌없이 쓰는 게 맞다'란 신념으로 봉사에 최선을 다했다고 합니다. 그래서인지 웬만한 곳에 한두 번씩은 참여했더군요. 노인요양원부터 청소년복지센터 봉사와 환경미화에 이르기까지 손을 대지 않은 봉사활동이 거의 없을 정도였습니다.

그런데 자기소개서도 봉사로 채우고 싶었던 현수는 막상 글을 쓰면서 생각만큼 잘 써지지 않아 고민이 많았습니다. 분명 뜻을 갖고 봉사활동도 하고, 활동기록도 많은데 그 이유를 알 수 없던 아이는 어떻게 시작해야 할지를 물어왔습니다. 아이의 활동 내용을 자세히 보니, 봉사활동을 한 것에 커다란 목적은 있었지만, 목표가 없었기 때문이라는 생각이 들었습니다.

"현수야, 넌 왜 사회복지학과를 가고 싶은 거니?"

"사람을 돕는 일을 하고 싶어서요. 사회복지사가 되어서 어려운 사람들을 도우며 살고 싶어요."

"그래, 그럼 어떻게 돕고 싶니?"

"네? 그냥……."

아이는 말문이 막혔습니다. 그냥 말 그대로 '돕고 살면 되는 거 아니야?'라는 생각으로 닥치는 대로 봉사를 했기 때문입니다. 아마 한번도 제대로 고민해 본 적이 없었나 봅니다. 자기가 어떤 사람을 어떻게 도울까에 대해서 말이죠. 대부분의 활동이 단발성이었고, 그러다 보니 실제로 아이가 아무 생각이 없는 것처럼 글에서도 아무런 의미도, 또 배우고 느낀 점을 찾을 수도 없었습니다. 결국, 아이는 제대로 된 자기소개서 쓰기를 해내지 못했습니다.

과장된 이야기처럼 보이지만, 학생부종합 이전의 입학사정관 전형 시대에 겪었던 아이의 실제 일화입니다. 당시에도 봉사로 학교에 갈 수 있던 아이들이 있었지만, 중구난방(衆口難防)으로 많이 한다고 붙던 것은 아닙니다. 그저 많이만 하는 것은 어떻게든 좋아 보일 수 없습니다. 차라리 하나를 하더라도 꾸준히 생각하고 하는 활동이 훨씬 의미가 있습니다.

미애는 선생님이 꿈입니다. 자신이 학교생활에 적응을 잘 못 하던 시절, 학교에 재미를 붙이고 공부를 할 수 있게 도와주신 한 선생님 덕분에 중학교 때부터 줄곧 교사라는 꿈에서 바뀐 적이 없습니다. 그리고 누군가에게 자기가 아는 것을 가르쳐주고 나누는 것에서 기쁨을 느끼는 자신을 발견했습니다. 아마 교사가 자신의 적성에 맞는 것 같다는 생각도 듭니다.

아이는 봉사활동도 누군가를 가르치는 일을 해야겠다는 생각을 했습니다. 그리고 지역센터에서 저소득층 아이들을 가르치는 봉사에 참여할 수 있다는 것을 알았습니다. 마음이 맞는 친구들과 함께 봉사활동을 하기로 약속하고, 문의하니 정해진 시간에 멘토로서 봉사활동을 할 수 있다는 것을 알아냈습니다.

그렇게 아이는 고등학교 1학년부터 시작해서, 고3이 되기 전인 2학년 말까지 빠짐없이 참여했습니다. 처음에는 영어의 알파벳도 잘 모르던 아이가 나중에는 더듬더듬 영어를 읽고 쓸 수 있는 상태까지 되었습니다. 봉사활동 기재를 떠나 아이가 성장하는 것을 보며, 아이 스스로도 보람을 느꼈습니다. 그리고 꼭 입시에 성공해서 선생님이 되겠다는 강한 마음을 먹었습니다.

"미애야, 너는 왜 사범대에 가려는 것이니?"

"저는 아이들을 가르치는 것이 좋아요. 무엇보다 자라나는 아이들이 꿈을 갖고 세상을 살아갈 수 있는 지식을 갖게 하는데 보탬이 되는 일이라 보람도 있고요."

"그럼 어떻게 아이들에게 보탬이 될 수 있을까?"

"포기하지 않아야 하는 것 같아요. 진짜 잘 못 하는 아이들은 힘들던데, 그래도 계속 다시 가르쳐주고 기다리면 조금씩 변하더라고요. ○○이가 그랬어요. 정말 많이 부진한 아이였는데, 아주 잘하게 된 건 아니었지만 나중에 많이 좋아져서 제가 많이 기뻤어요……. (생략)"

한번 말이 터진 아이는 끊임없이 자신이 생각하는 교사관에 대해 이야기를 했습니다. 배우고 느낀 점이라고 언급하기에도 넘치는 큰 깨달음을 얻었던 듯합니다. 아이는 할 말이 많아 줄이고 줄여서 딱 필요한 것들만 남기고 글을 완성할 수 있었습니다. 그리고 자신이 원하는 사범대에 진학할 수 있었습니다. 또 이런 정신을 갖고 좋은 교육자가 되지 않을까 기대가 되기도 하고 말입니다.

좋은 봉사활동이란 무조건 많이 건드리는 방식의 나열식 활동이라 생각하지 않습니다. 그것보다는 일관성을 갖고 하나를 깊게 파고들어 그 안에서 자신이 생각하는 삶에 대한 깨달음을 얻고자 노력하는 것이 좋습니다.

미애의 경우와 마찬가지로 말이죠. 미애의 말을 들으며 저도 좋은 교육자에 대해서 다시 한 번 생각해보기도 하고, 교훈도 많이 얻었습니다. 체험으로 깨달은 미애의 지혜는 어떤 어른들의 말이나 조언보다도 더 가슴 깊이 와 닿더군요. 양보다 질이 중요하다는 것이 이런 이유에서이겠죠.

"선생님, 저도 반크(VANK, 한국 사이버 외교 사절단) 같은 데 가입해야 하지 않을까요?"

어느 날 윤지가 제게 이런 질문을 했습니다. 아이는 성적도 전교 10등 안에 들고, 성실하며 바른 아이였습니다. 반에서도 회장이나 부회장의 직책은 아니지만, 학습부장으로서 반의 면학 분위기에 힘쓰기도 했고요.

그런데 학교에서 멋진 동아리 활동을 할 수 있는 기회가 생긴 듯합니다. 아이는 이런 활동을 해도 되는지 물어왔습니다. 당연히 하지 않아야 할 이유가 없기에 나쁘지 않을 것 같다고 말했습니다. 그렇게 아이는 반크에 가입해서 활동하게 되었죠. 반크는 사이버 외교 사절단 활동을 하는 곳입니다. 아이는 특별히 여기에서 대단한 일을 하는 것은 아니지만 회원으로서 활동하고, 독도에도 가는 등 여러 가지 활동을 하게 되었습니다.

물론 모두 학생부에 기재가 되었습니다. 모든 것이 멋지고 좋아 보였습니다. 자기소개서를 쓰기 전까지는 말입니다. 봉사로 하는 활동이지만, 무척 화려해 보이는 단체 활동이라 다른 친구들의 부러움이 있었지만, 이는 어디까지나 봉사입니다. 따라서 이를 통해 자신이 원하는 학과나 학교로의 진학이 보장되어 있다고 보기는 힘듭니다. 아이는 약사가 꿈이었습니다. 당연히 봉사활동으로 했던 사이버 외교 사절단과 약사와의 관련성은 찾기 어려워 보였습니다.

결국, 이 활동은 자기소개서에서 활용되지 못했습니다. 학과와 연결고리를 찾지 못한 것뿐만 아니라, 활동명에 비해 아이 자신이 주체가 되어 했던 것이 없었습니다. 그저 '참여했다'로 표현할 수 있는 것이 전부였습니다. 나중에야 아이는 반크가 아닌 병원에서 했던 봉사활동을 자기소개서에 쓰는 데 주력했습니다. 왜 자신이 아픈 사람들을 돕고자 하는지 표현하기에는 반크보다는 병원 봉사활동이 의미가 있었기 때문입니다.

생각보다 많은 시간을 썼던 활동이 아무런 빛을 발하지 못할 때, 아이들은 허탈해합니다. 시간을 투자한 것에 비해 효과가 없다는 생각이 들 수밖에 없습니다. 물론 효과가 아예 '없다'라고 단정할 수는 없습니다. 그것보다는 화려한 활동명을 갖고 있어야 더 좋을 것이란 전제가 옳지 않다는 말로 설명해 드리고 싶습니다.

이름만 유명한 활동보다는 자신이 그 안에서 무엇을 어떻게 했는지, 얼마나 주체적으로 활동했는지를 곰곰이 생각해보기 바랍니다. 반대로, 제대로 된 이름을 건 활동이 없더라도 주눅이 들 필요 없다고도 할 수 있습니다. 유명 단체나 알아주는 곳에서의 경험보다는 자기 스스로 '성장'이 있었는지 돌이켜 보기 바랍니다. 그렇다면 충분하니까 말입니다.

예지는 수상 경력이나 동아리 활동이 뛰어난 편입니다. 의류와 관련된 학과를 가고 싶었던 아이는 디자인이나 미술과 관련한 동아리나 수상활동에 누구보다 적극적이었습니다. 그래서 받은 상도 만만치 않았고, 만들어 둔 포트폴리오도 꽤 많았습니다.

그런데 자기소개서를 쓸 때쯤 해서 아이는 자신이 '특별한 봉사활동을 하지 못했다'는 사실을 떠올렸습니다. 학교에서 주어진 의무로 하는 봉사활동이나 정해진 것 외에 자신이 적극적으로 해온 것이 없었습니다. 그래서 자기소개서 항목에서 3번을 차지하고 있는 배려, 나눔, 협력 및 갈등관리에 대해서 할 말이 없는 것 같아 지금이라도 봉사활동을 할까 잠시 찾아보기도 했습니다.

"그냥 그런 특별한 거 말고, 작게라도 네가 학교나 학급이나 타인에게 도움이 되었던 경험 없니?"

"글쎄요……."

"별로 대단하지 않은 거라도 괜찮단다. 아주 작지만, 누군가에게 그게 단 한 명이라도 좋으니, 도움이 되었을 법한 것을 잘 생각해봐."

"아, 있는 것 같아요!"

키가 작은 아이는 맨 앞자리에 앉았었습니다. 특별한 감투도 없고, 학급 활동의 직책을 맡았던 것은 아니지만, 맨 앞자리에 앉다 보니 우연히 학급 일에 관여를 하게 되었습니다. 선생님께서 공문을 앞자리에 두시며 붙여달라고 할 때마다, 아이는 의도치 않게 맨 앞에 게시물을 정리하며 붙이고 떼고를 했습니다. 그런데 중요한 사안임에도 그 누구도 게시물에 관심을 두지 않자, 아이는 게시물들에 체크를 하며 칠판에 한 번씩 더 써두는 일을 했습니다. 누구도 시키지 않았는데 말이죠. 그러자 아이들도 중요한 사안들은 쉽게 인지를 했고, 대체로 빠짐없이 참여할 수 있었다고 합니다.

아이는 이런 이야기를 써서 자기소개서를 완성했습니다. 오히려 멋들어진 봉사활동에 비해 아이의 살아있는 활동이라는 것이 느껴졌고, 작지만 의미 있는 것이기도 했습니다. 그렇게 자신의 살아있는 이야기로 완성된 자기소개서로 아이는 자신이 바라던 E 대학교에 입학하게 되었습니다. 노력한 만큼 보상이 있었던 것이죠. 특별히 억지로 만든 봉사보다는 자신의 위치에서 타인에게 작게나마 도움이 되었던 살아있는 경험이 훨씬 강력하다는 것의 증명이었습니다.

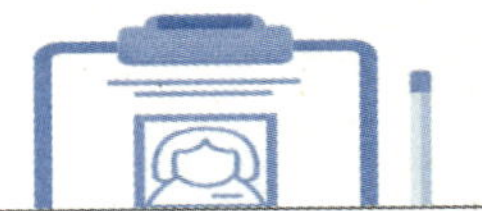

10

교과학습 발달상황이 합격을 좌우한다

학생부종합전형으로 개편되고, 외부의 특별한 활동을 자기소개서에 기재할 수 없게 되면서 아이들을 평가하는 잣대는 아주 크게 바뀌었습니다. 좀 더 '학교 안에서, 학교에 의한'이라고 설명하면 적합할 것 같습니다.

입학사정관 시대에는 제가 보았던 아이 중에서도 내신 성적은 5등급 이하로 좋지 않았어도, 외부의 특별한 상을 받아서 명문대학교에 입학하는 사례도 어렵지 않게 볼 수 있었습니다. 전국단위의 동아리 활동으로도 예상보다 좋은 대학에 들어간 학생도 있고요. 그런데 학생부종합전형으로 바뀌면서는 조금 다른 양상을 띠기 시작했습니다. 무엇보다 내신 성적을 갖추어야 합격할 가능성이 커진다는 것이죠.

자기소개서만 해도 대학교육협의회의 공통양식으로 통일했습니다. 그런데 이걸 자세히 보면 '진짜 의도'가 파악되기도 합니다. 가장 처음에 있는 항목을 보시다시피 말입니다.

처음부터 묻는 말이 학습에 관한 이야기입니다. 제가 강연을 통해서 자주 여러분들에게 묻는 말도 바로 이것과 닿아있기도 합니다. 왜 이게 1번에 있을까요? 여러분이 만약 평가자라면, 가장 중요한 것을 어디에 두시겠습니까? 물론 학교에 따라 중시하는 인재상이나 요인이 다르긴 하겠지만, 일단은 정해져 있는 기본 형식을 통해선 학습이 중요하다는 것을 알 수 있습니다. 학습을 어느 범위로, 어떤 시각으로 보는가에 따라 다른 식으로 글쓰기를 할 수도 있지만, 우선 학업에 관한 이야기를 가장 먼저 언급해야 함은 당연한 것입니다.

영지는 일반고 전교 10등 안에 드는 성실한 학생입니다. 공부도 열심히 했고, 학교생활도 열심히 했습니다. 그런데 입시나 진로 진학에 대한 특별한 관심이나 생각을 미처 하지 못했었습니다. 그냥 '공부만 열심히 하면, 뾰족한 수가 있겠거니' 하는 마음으로 학교생활만 열심히 했습니다. 주로 교과 위주로만 말입니다.

동아리도 평범하게 토론 동아리에 가입했었고, 논문 등이나 기타 활동은 생각해본 적이 없습니다. 봉사활동도 그럭저럭 시간만 채운 상태입니다. 수상내용은 더욱 부족해 보였습니다. 그나마 학급에서 회장을 2년간 했다는 것은 눈에 띄긴 했지만, 그것 외에는 딱히 학생부종합전형에 어울리는 상황은 아니었습니다.

그런데 수시 6회의 기회가 좀 아까웠습니다. 논술도 딱히 준비한 적이 없던 아이는 수시 지원 중 몇 개를 학생부종합전형에 걸어보기로 했습니다. 진로희망이 '외무부 공무원'이었던 아이는 그렇게 H 대학교에 합격했습니다. 이 경우는 학교에서의 성실성과 학급에서의 리더십이 인정된 결과였다고 생각합니다.

물론 우수했던 내신 성적이 가장 큰 영향을 주었다는 것은 딱히 언급하지 않아도 쉽게 알 수 있을 것입니다. 치밀하게 준비하지는 못했었지만, 내신을 열심히 공부해왔던 결과 때문에 아이는 선택의 폭이 넓었습니다. 그리고 결과도 그에 따라서 주어지기도 했고요. 그래서 아이들에게 무조건 내신부터 챙기라고 합니다. 반대로 내신은 제대로 갖추지 못한 상태에서 비교과 활동만 많다면 합격의 가능성은 희박하기 때문입니다.

혜진이는 내신 성적이 아주 좋은 편은 아닙니다. 일반고 문과 2, 3등급대의 성적이 썩 만족스럽지 못합니다. 나름 한다고 했던 공부이지만, 성적은 잘 오르지 않았습니다. 누구보다 열정적인 아이는 공부로서는 자신이 한계가 있다고 생각한 듯합니다.

그럴수록 아이는 비교과 활동에 매진했습니다. 동아리도 공식동아리에 가입해서 활동하면서도, 자율동아리를 하나 더 개설했습니다. 물론 혜진이가 주체가 되어서 말입니다. 그뿐만 아니라, 학생회 임원과 반 회장을 겸임했습니다. 활동의 개수만 많았던 것은 아닙니다. 공식동아리에서도 활동보고서가 알차게 나와 동아리 상도 받았고, 자율동아리에서 교지를 만들어 배포하기도 했습니다. 학생회 활동에서도 눈에 띄게 적극적이었던 아이는 누구나 인정하는 열정 넘치는 학생이었습니다.

아이는 '1등 학생'이었습니다. 내신 성적이 조금 부족하다는 것만 빼면 말입니다. 아이는 마케터를 꿈꾸고 있었습니다. 그래서 적극적인 성격이 도움될 것 같았습니다. 하지만 아이는 자신이 원하던 대학에는 결국 합격하지 못했습니다. 서울 소재의 S대에 합격했던 아이는 아쉬움이 있었지만, 받아들였습니다. 그 이상 지원했던 모든 대학의 서류심사에서 다 떨어졌기 때문입니다. '내신 관리를 조금 더 열심히 했더라면 바뀌지 않았을까'라는 생각을 조금 하기는 했지만, 이미 학생부는 바뀔 수 없는 상태여서 방법이 없었다고도 생각합니다.

만약에 내신 성적이 좋았더라면 조금 더 자신이 원하는 학교에 갈 수 있는 가능성이 컸을 것입니다. 아이는 열정을 공부보다는 다른 곳에 쏟았던 것 같습니다. 활동에 앞서 내신 성적이 탄탄하지 않으면, 좋은 결과를 얻을 수 없다는 것을 누군가 진작 알려줬더라면 더 좋았을 텐데 말입니다.

11

독서활동으로 전하는 수많은 정보를 생각하라

　대영이는 자신이 원하는 S대학교 건축학과에 우수한 성적으로 입학했습니다. 아이는 한 학교에만 합격한 것이 아닙니다. K대학교와 동시에 합격한 아이는 모두 우수한 평을 들었습니다. 이렇게 원하는 학교에 입학할 수 있던 이유는, 무엇보다 우수한 성적을 갖추었기 때문입니다. 하지만 그 이외에도 자신의 꿈과 노력이 누구보다 잘 드러나게 활동해왔던 지난 시간의 기록들이 크게 도움이 되기도 했습니다.

　지금도 대영이는 스스럼없이 그것이 '독서활동' 때문이었다고 말을 하곤 합니다. 건축가가 되고 싶었던 아이는 자신의 롤 모델인 일본의 건축가 안도 다다오(Ando Tadao)의 책을 모두 다 섭렵하면서도, 철학과 인문학을 겸비한 이공계로서의 자질을 모두 독서로서 증명했습니다. 아이가 읽은 책은 물리학, 건축학, 철학, 미학, 소설에 이르기까지 다양하지만 모두 건축을 말하고 있는 듯했습니다. 그리고 이를 자기소개서에 무척 잘 담아내었습니다.

특히 독서활동을 중시하는 한 학교에서는 거침없이 써 내려 간 아이의 독서활동이 무척 의미가 있었던 듯합니다. 아이는 면접에서도 모두 독서와 활동에 대한 질문을 받았고, 흡족한 표정의 교수님들을 볼 수 있었습니다.

활동을 마음껏 펼칠 수 없는 상황이라고 하더라도 독서활동으로 충분히 수많은 이야기를 채울 수 있습니다. 그래서 무엇보다 저는 독서활동을 중시하라고 이야기하곤 합니다.

대영이 같은 경우는 초지일관(初志一貫) 건축가의 꿈을 놓은 적이 없습니다. 그래서인지 아이는 정말 오랜 시간 건축 관련 서적을 찾아보며 자신의 꿈을 위한 준비를 해왔습니다. 그러면서 건축은 말 그래도 이과 지식에 국한된 분야가 아니라, 철학과 역사에도 다양한 지식을 갖추고 있어야 한다는 생각이 들었습니다. 그래서 물리학과 수학 등의 공학을 위한 책과 함께 인문학에 관한 지식까지 습득하려고 노력했습니다.

바로 독서를 통해서 말이죠. 이런 활동들이 모두 종합적으로 독서활동에 기록이 되어 나타나 아이는 미래 건축학도로서 자질을 갖춘 인재임을 드러낼 수 있었습니다.

이렇게 자신의 꿈과 그 꿈으로 향하는 노력을 독서로 충분히 설명해낼 수 있습니다. 그렇다 보니, 종종 욕심이 과해 실수를 저지르기도 합니다.

일관성을 갖지 못한 독서가 바로 그것입니다. 대영이 같은 경우는 분명 필요 때문에 일정한 경로를 하나하나 따라가며 글 읽기를 한 것입니다.

반면에 그저 많이 읽는 것이 좋다고 착각해서 이것저것 읽는 사례도 종종 접하곤 합니다. 이런 경우 특별히 독서를 통해 자신을 드러내기 어려울 수밖에 없습니다.

최근에 만난 민호의 사례가 이와 같습니다. 아이는 사회학자가 꿈이라고 당당하게 자신을 밝혔습니다. 그런데 읽은 책들은 소설과 자기계발서, 경제학 관련 도서와 현재 인기 있는 도서 등이 주를 이루었습니다. 독서활동으로는 아이의 꿈을 짐작하기 어려운 상황이었죠.

"사회학자가 되고 싶다면서? 독서활동은 좀 동떨어진 느낌이네. 왜 이렇게 읽었니?"

"사실은 읽긴 했는데요. 필독서를 먼저 읽고 올리다 보니까 미처 학생부에 못 올렸어요."

사회학자라는 꿈을 갖게 되려면 독서활동을 통해 깨달은 바가 있어야 할 것 같은데, 기록상의 아이는 그저 이것저것 닥치는 대로 읽은 것에 불과해 보였습니다. 당연히 읽는 것이 중요하지만, 기록으로 남기는 것도 중요하다는 생각을 하게 된 일로 기억에 남아 있습니다. 나중에 독서활동을 기술하려면 당연히 학생부에 있는 기록을 중심으로 쓰려고 해야 합니다.

물론 때에 따라서는 그냥 읽은 책을 서술하는 경우도 있지만, 자기소개서는 앞에서도 언급한 것과 같이 그 자체의 절대성보다는 보조성이 강합니다. 학생부에 있는 것을 토대로 설명하려는 방향이 합리적입니다. 일례로 한양대에서는 자기소개서 제출을 요구하지 않습니다. 학생부만으로 평가한다는 것인데요. 이미 그 안에 모든 이야기가 다 있지만, 그 의미를 풀어서 설명해주는 것이 자기소개서입니다. 당연히 읽은 독서활동은 모두 기재하려 노력해야만 자신을 제대로 표현할 수 있다는 사실을 잊어서는 안 됩니다.

12

롤 모델을 정해두자

현주는 처음 고등학교에 입학했을 때, 경영이나 경제학과를 가고 싶었습니다. 그래서 관련 서적도 찾아보고, 동아리도 경영 관련 동아리를 생각했습니다. 그런데 점점 자료들을 접할수록 경영·경제보다는 다른 쪽에 관심이 생기기 시작했습니다. 경제 관련 소재를 정리해서 전하는 기사들을 접할수록 '이 기사를 어떻게 썼을까?' 감탄하는 순간이 많았기 때문입니다.

특히 경제전문지나 책들을 볼수록 아이의 꿈은 조금 다른 방향으로 흘러가기 시작했습니다. 언론인이 되어 전문 분야를 전달하는 사람이 되고 싶다는 욕구가 강해졌습니다. 이 과정에서 KBS 경제부 기자를 하고 있으며 경제 관련 책인 《박종훈의 대담한 경제》를 쓴 박종훈 저자의 영향을 많이 받았다고 합니다.

“그러니까, 지금은 경영이나 경제를 가지만, 결국 언론인이 되고 싶다는 거니?”

“네!”

“왜? 전에는 꿈이 경영 컨설턴트라면서 갑자기 바뀌었어?”

“경제 관련 지식을 일반 사람들도 쉽게 알도록 하는 일을 하고 싶어요. 컨설팅은 일부만 돕는 거잖아요. 저는 더 많은 사람이 저처럼 경제에 대해서 쉽게 알았으면 좋겠어요.”

아이의 야무진 대답에 고개를 끄덕일 수밖에 없었습니다. 그리고 아이는 자신이 원하는 대로 진로희망을 ‘언론인’으로 바꾸었습니다. 더 정확하게는 ‘경제전문 언론인’이었습니다.

현주와 같이 구체적인 자신의 롤 모델을 정하는 것은 학생부종합전형을 준비하는 학생들을 위해서는 꼭 추천하고 싶은 방법의 하나입니다. ‘어떤 책을 읽어야 할지’, ‘어떤 준비를 해야 할지’ 막연한 아이들에게 길을 보여줄 수 있기 때문입니다.

결국, 현주는 자신이 롤 모델로 삼은 경제기자처럼 경제학과로 진학해서 석사 과정을 마치고, 방송국에 들어가 현장 경험을 하고자 합니다. 그리고 차후에는 꼭 자신의 이름으로 경제학 서적을 내겠다는 포부를 밝혔습니다. 자신의 롤 모델과 같이 말입니다.

자기소개서는 당연히 내용이 차고도 넘칠 수밖에 없었습니다. 꿈을 찾는 것부터 준비하는 모든 과정에 자기 롤 모델이 있다면 당연히 자신이 좌충우돌해서 만들어가는 것보다 훨씬 더 안정적이고, 제대로 된 준비를 할 수 있습니다.

연희는 소설가가 되고 싶어 합니다. 워낙 소설을 좋아했고, 또 글을 따라 쓰는 것에 즐거움을 느꼈던 아이는 여러 분야의 소설을 두루 섭렵했습니다. 그리고 자신도 소설을 쓸 수 있는 사람이 되어야겠다고 생각했습니다. 그중에서도 헤르만 헤세(Hermann Hess)를 가장 좋아했습니다. 그래서 아이는 헤세의 글을 읽으며 따라 쓰기를 반복했습니다. 또 그의 삶에 대해서도 깊게 연구했습니다.

특히 헤세가 정신분석학과 불교의 영향을 많이 받았다는 사실은 아이를 자극했습니다. 아이는 철학과 미학 관련 서적도 찾아보고, 소설 이외의 글들과 세상에 대해서도 다양한 지식을 얻으려고 노력했습니다.

처음에 아이는 다른 사람에게 별다른 관심 없이 자신의 세계에만 빠져 있었던 것 같았습니다. 그런데 헤세의 작품에 관련된 글들을 접하며 다른 것들에 대해서도 열린 마음을 가져야 한다는 생각을 했던 것 같습니다. 덕분에 아이는 소설만 보던 습관을 벗어나 공부에도 조금씩 열중하기 시작했습니다. 다른 활동도 조금씩 늘리고 말입니다.

물론, 글을 읽고 쓰는 것은 꾸준하게 많이 했습니다. 이렇게 아이가 달라지며 꿈에 한층 더 다가간 듯했습니다. 그리고 자기소개서에 이 모든 이야기를 녹여 내다보니 글은 웬만한 에세이보다 더 완성도 있게 나왔습니다.

아이는 Y 대학교에 서류 심사를 통과하는 기쁨을 맞이했습니다. 면접에서는 생각보다 어눌한 말투로 인해 성공하지는 못했지만, 아이가 배운 바는 무척 컸습니다. 정시로 S대학에 합격을 했으니 결론은 해피엔딩이기도 했고 말입니다.

그러나 가장 큰 수확은 아이의 성장이지 않았나 싶습니다. 헤세의 글들처럼, 아이는 '성장하는 자신'을 알아갔습니다. 그것은 어쩌면 대학입시에서의 성공보다 더 큰 삶에서의 보상이지 않았나 싶습니다.

이제 고등학교 1학년을 막 시작하는 학생 중 꿈에 대한 길을 잘 그려나가기 어려운 상황이라면, 주저하지 말고 닮고 싶은 사람을 찾아보라고 합니다. 아주 유명한 사람부터 다른 사람은 모르는 나만 아는 사람까지 상관없습니다. 중요한 건 '얼마나 대단한 사람을 따라가고 싶은가'가 아닌 '얼마나 그 사람의 멋진 점을 닮고 싶은가'이니까요.

13

인생의 타임라인을 그려보자

예전에 수영이를 지도하며 인생의 타임라인(Time line)을 미리 그려보라는 것을 시켰던 적이 있습니다. 나이는 90살까지로 정해두고, 당시 고등학교 1학년에 재학 중이던 아이에게 자신의 미래를 한번 써보자고 했습니다. 처음에 아이는 머뭇거렸습니다. 어떻게 시작해야 할지도 잘 몰랐고요. 처음 써서 가져온 글에는 장난이 반이었습니다. 그러나 몇 차례 다듬는 과정을 통해 수영이는 점차 무엇인가를 깨달은 듯했습니다.

그리고 서서히 너무 비현실적이기만 했던 계획들이 자세한 모양과 현실성을 갖추었습니다. 그러자 수영이도 마치 자신의 미래라는 생각을 한 듯 그에 맞는 준비를 차곡차곡 하게 되었습니다. 결국, 수영이는 수시로 최고의 명문대인 S대학교에 입학했습니다.

인과관계를 따져서 봤을 때, 타임라인을 그렸기 때문에 합격했다는 것은 앞뒤가 맞지 않는 이야기일 것입니다. 그러나 이런 과정을 통해 자신이 무엇을 어떻게 해야 하는지를 더욱 정확히 인지했다고 한다면 그다지 틀린 말이라 생각되지는 않습니다. 특히 수시로 학교에 가야 하는 입장에서 성적과 진로를 위한 준비, 비교과 활동이 막연한 학생들에게는 한 번쯤 시도해볼 가치가 있다고 생각됩니다.

아직 많은 학생들은 '무엇'이 되어야 한다는 생각까지는 해도 '어떻게' 해야 하는지는 모를 수밖에 없습니다. 당연히 자신의 꿈과는 전혀 무관한 다른 활동들을 하는 경우도 심심치 않게 보이고 말입니다. 한번은 경제학과를 가고자 하던 학생이 고교 시절 내내 '댄스부' 활동을 정말 열심히 했던 기록을 가져왔던 것을 보기도 했습니다.

물론 하나의 목표를 정해두고 그에 한정된 활동만 하라고는 하는 것이 과연 학생들을 위한 것일까에 대해 의문이 듭니다. 그래서 정형화된 방식으로 동아리를 고르고 정해진 것만 하라고 권하지는 않습니다. 다양한 경험이 때론 득이 되기도 하기 때문입니다.

그렇지만, 너무 산발적으로 흩어져있는 경험들보다는 자신의 미래를 그려두고 모든 활동이 자신의 미래를 위한 길로 맥락을 갖고 흐른다면, 이 또한 의미가 있을 수 있습니다. '그냥 좋아서'만으로는 해소할 수 없는 영역이 존재하기 때문입니다. 당연히 평가해야 하는 분야라면 더더욱 그렇습니다.

앞에 부정적인 예로 제시된 '댄스부'도 자신이 생각하는 미래에 있을 어떠한 일을 하기 위해 의미가 있어서 했던 일이라면 당연히 플러스 요소가 될 수도 있습니다.

자, 그럼 타임라인을 만드는 방법을 좀 더 이야기해 보겠습니다. 먼저 타임라인을 그리기 위해서는 기점이 되는 나이별로 포인트를 찍어두고 설명을 적습니다. 앞에 언급한 수영이는 '20살에 대학교 입학, 22살에 군대 입대, 24살에 복학, 26살에 대학교 졸업'이라는 큰 포인트를 써두고, 그사이에 아주 자세한 자신의 계획들을 깨알같이 기재했습니다. 학생회에 출마한다든가, 정당원으로 활동한다든가 등의 설명 등을 말이죠. 마지막 완성본을 보면서 제 생각보다 너무 자세한 타임라인에 정작 시켰던 저도 놀라면서도 재미있게 읽었던 기억이 납니다.

수영이는 자기가 그리는 큰 그림 안에 작은 활동들을 하기 위해 필요한 것들을 인터넷 자료 등을 찾아가며 지식의 범위를 넓혀 이미 필요한 것들을 훤히 알게 되었습니다. 나중에 수영이에게서 참 많은 도움이 되었다는 이야기도 들었습니다. 자신의 미래를 자기가 상상하고 적어가며 무엇이 지금 당장 필요한 것이고 필요하게 될지를 깨달았다는 설명도 덧붙여서 말이죠. 그리고 자신의 미래를 위해 더 열심히 준비하기 시작했습니다.

자기소개서는 당장의 글쓰기보다 그것을 위한 준비과정이 훨씬 중요합니다. 준비가 안 된 글은 쓸 수가 없습니다. 그래서 저는 아직 시간이 있다

면, 이렇게 우선 미래를 그려보고 시작해보라고 합니다. '무엇을', '어떻

게'가 생각보다 훤히 머릿속에 떠오르게 말입니다.

14

마인드맵을 만들자

자기소개서를 당장 작성하는 것은 생각만큼 쉽지가 않습니다. 게다가 아직 활동도 마치지 않은 상태에서는 더욱 그렇습니다. 또 활동이 균형 있게 잘 준비되어 있어야 한다는 것은 앞의 이야기들을 통해 충분히 인지하셨을 것입니다.

그렇다면 우리는 그 활동을 어떻게 채워가야 할까요? 무엇보다 '어떻게?'에 대한 답을 찾을 수 없는 것이 가장 큰 고민이기도 합니다. 이를 좀 더 쉽게 구별하고 준비하는 방법이 저는 '점검'과 '계획'에 있다고 생각합니다. 지금까지의 활동을 모두 정리해서 잘 이뤄져 있는지 보고, 부족하다면 채울 수 있게 방편을 세우도록 말입니다.

그런데 이 과정에서 점검 자체도 고민이 됩니다. 일렬로 정리해서 구분할까요? 그럼 잘 되었는지 아닌지를 알 수 있을까요? 아니면, 선생님께 여쭈어 볼까요?

"혹시 제 활동이 모두 잘 되어 있나요?"

질문 자체가 막연하기만 합니다. 그렇다고 어디 가서 학생부종합 상담을 받을까요? 제 생각에는 이건 충분히 혼자서도 점검해볼 수 있다고 봅니다. 과연 자기 자신에 대해서 혹은 학교의 활동에 대해서 자기보다 더 자신을 잘 아는 사람이 있을 수 있을까요? 그래서 저는 '자가 점검'이 무엇보다 우선해야 한다고 봅니다. 조언을 듣더라도 그 이후에 듣기를 바랍니다. 그런 의미에서 자신의 활동을 정리해보는 것은 도움이 됩니다. 그런데 이게 정리한다고 해도 '그래서 어떻게?'의 문제에 부딪힐 수 있습니다. 실제로 '무엇을 어떻게' 해야 할지 몰라 문의를 하는 경우를 많이 접했습니다. 그런데 이 문의가 좀 이른 시기라면, 보기 좋게 정리하는 것은 시간을 단축하고 균형을 유지하며 활동을 할 수 있게 한다고 봅니다. 그래서 저는 '마인드맵(Mind map)' 형태로 자신의 활동을 정리해보라고 합니다. 이를 통해 우리는 '자기 이해'를 할 수 있으니 말입니다.

다음에 제시된 그림처럼 다소 시간이 걸리더라도 작성해보도록 합시다. 이 작업은 한 번 작성하고 버리는 것이 아니라 활동하는 동안 지속해서 업데이트하는 것입니다. 그래서 초기에 투자되는 시간이 아무리 많더

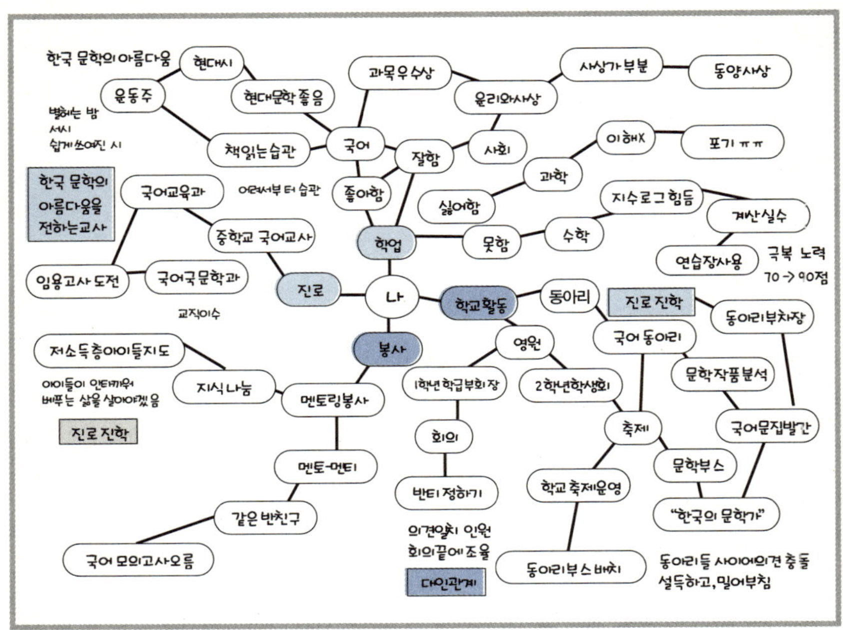

라도 참고해보길 권합니다. 그다음은 점차 더 수월할 뿐만 아니라 계획성 있는 활동을 도모하기가 쉽기 때문입니다.

마인드맵을 작성하는 방법은 다음과 같습니다.

먼저 가운데 '나'를 써두고 네 가지로 뻗어 나가며 내용을 정리하도록 합니다. 네 가지 항목 중 세 가지는 대학교육협의회의 자기소개서 공통문항에 있는 요소로 정하도록 합니다. '학업, 학교 활동, 봉사(배려, 나눔, 협력, 갈등관리)'에 관한 것으로 말이죠. 나머지 한 가지는 진로를 써둡니다. 그리고 그 내용에서 꼬리에 꼬리를 물면서 생각을 정리해보기를 합니다.

이 과정에서 사방으로 잘 뻗어 나가는 상태가 되면, 제대로 준비를 해왔다고 할 수 있습니다. 반면에 어디 한쪽으로 잘 뻗어 나가지 못하고 있다면, 그 부분이 부족하다고 이해하면 됩니다. 그러면 학기 중에 이 부분을 채울 수 있는 활동에 더욱 적극적으로 참여하면서 안정적으로 활동을 준비할 수 있습니다. 네 가지 기둥이 되는 항목을 써서 뻗어 나가는 과정에 일관성이 그려진다면, 그것도 준비가 잘 되고 있다는 것입니다.

예를 들어서 앞의 예시에서의 항목은 '국어'와 '교사'라는 키워드로 정리가 되고 있습니다. 키워드로 정리된다는 것은 일관성이 있으면서도 꿈을 잘 찾아가고 있다는 것입니다. 이렇게 자신의 마인드맵이 그려졌다면, 이 마인드맵을 따라 꾸준히 실천해보라고 하고 싶습니다.

당장 자기소개서 작성보다는 '자기 이해'에 초점을 맞추어 계획성 있게 시간을 채워나가는 것을 추천하는 바입니다. 조금 시간이 걸리더라도 어떤 일을 하든, 자기 이해가 가장 최우선임을 알고 발전시키는 것이 더욱 바람직하겠죠.

15

활동일기를 써보자

모 언론사에 '활동일기를 쓰자'는 논지의 칼럼을 기고했던 적이 있습니다. 당시 폭발적인 인기를 얻었던 이 칼럼은 정말 많은 분이 공유했고, 공감을 해주기도 했습니다. 그러면서도 다른 한편 수많은 표절과 도용을 낳기도 했습니다. 검색만 하면 뻔히 저의 글이 다른 사람의 이름으로 나오는 것을 보고 처음엔 무척 당혹스러웠습니다. 그런데 시간이 지나면서 점점 이 내용이 사람들에게 도움이 될 만한 좋은 내용이었다는 긍정적인 면이 보이기 시작했습니다. 그래서 활동일기에 대한 강조를 더욱더 하게 된 것 같습니다.

학생부에 적힌 내용을 차후에 보면서 다시 기억하는 것도 좋지만, 그것보다 더 중요한 건 그때그때의 기록이라고 생각합니다. 사람마다 기억력에 차이가 있습니다. 그렇지만 대부분은 시간이 지나면 잊는 아주 정상적인 범주의 기억력을 소유하고 있을 것입니다. 그러다 보니 나중에 자기소개서를 쓰면서 자신이 했던 활동이 기억나지 않아 머리를 쥐어짜고 괴로워하는 경우를 자주 보게 됩니다. 그러고는 자기소개서 작성 기간에 제게 찾아와선 오히려 적반하장(賊反荷杖)으로 글쓰기 소재를 달라고 조르는 일도 있습니다.

"선생님, 대체 뭘 어떻게 써야 하죠?"
"그걸 내가 어떻게 알아? 네가 했던 건데, 네가 알겠지!"
"아, 그래도 정말 모르겠어요. 기억이 하나도 안 나요!"
"잘 생각해봐!"

우습게 보이겠지만, 아이들과 자주 나누는 대화입니다. 자신이 한 일을 자신이 기억 못 하는 상태는 아이들이 글을 쉽게 쓸 수 없게 만듭니다. 학생부를 유심히 뚫어지라 보라고도 하지만, 그것만으로는 자신이 무슨 생각으로 무엇을 했고, 무엇을 느꼈는지는 알 길이 없습니다. 그런 탓에 정말 중요한 소재는 넘어가고, 그다지 중요하지 않은 일을 더 크게 생각해서 글자 수를 많이 할애하기도 합니다. 이런 글이 가장 난감합니다. 제삼자의 눈에는 그다지 별거 아닌 일 같아 보이는데 말입니다.

"내 생각에는 이 동아리 내용보다는 네가 발표로 상 받은 것이 네 꿈에 더욱 가까워 보이는데?"

"그래요? 그런데 그게 잘 기억이 안 나서요. 그 상은 1학년 초에 받은 거라……."

"이건 전체 중에 너 혼자 받은 거고, 동아리 내용은 부원들과 다 함께한 거 아니야?"

"네, 그렇긴 한데……."

기억이 잘 나지 않으니 학생부에 중요하게 기재된 글을 쓰지 못하는 사태가 발생합니다. 아이는 결국 이 활동을 선생님에게 묻고, 어머니까지 동원해서 어떻게든 기억을 짜냈습니다. 그러다가 1학년 때 자신이 작성했던 글을 발견한 덕분에 기억을 되살릴 수 있었습니다. 그리고 자기소개서에 담아내게 되었죠. 이전에 썼던 글보다 훨씬 더 좋은 소재를 좋게 잘 다듬어서 말입니다.

그렇지만 만약에 기록을 발견하지 못했다면, 아이는 좋은 소재를 자기소개서에 쓸 수 없었을 것입니다. 안타깝게도 말이죠. 그래서 지금은 학생부종합을 생각하는 모든 아이에게 꼭 활동일기를 기록하라고 합니다.

활동일기 작성은 어렵지 않습니다. 활동기록을 너무 장황하거나 자세하게 쓸 필요는 없습니다. 일을 자꾸 더 만들다 보면, 하기 싫어집니다. 질리지 않고, 꾸준히 지속 할 수 있게 만들려면 최대한 가볍고 단순하게 작성할 수 있도록 해야 합니다. 우리 학생들은 공부도 해야 하고, 진로적성을 위한 독서와 활동도 해야 하고, 봉사도 해야 하는 매우 바쁜 상황입니다. 따라서 짬짬이 할 수 있는 양식을 취하라고 하고 싶습니다.

저는 주로 줄이 그어져 있는 스프링 노트 한 권을 구매해서 써보라고 합니다. 너무 두꺼워도 부담스러우니 두께는 중간 정도, 혹은 약간 얇아도 됩니다. 노트 한 권을 학년별로 찾아보기 쉽게 인덱스로 구분 짓도록 해도 되고, 얇은 노트 3권으로 구분하여 학년별의 기록을 남기는 것도 좋습니다.

한 페이지에는 하나의 활동에 대해서만 쓰도록 합니다. 맨 위 칸에 커다랗게 활동명을 쓰고, 그 바로 밑줄에 간단한 설명을 적어보도록 합니다. 예를 들어, 'OO 동아리 가입'이라고 쓰면, 바로 아랫줄에는 '과학실험을 하는 동아리에 가입'이라고 설명하듯 풀어쓰는 것입니다. 그리고 항목은 단순하게 합니다. '①활동의 이유, ②자신의 역할, ③배우고 느낀 점' 이렇게 딱 세 가지 항목만 적어두어도 됩니다. 추가로 더 쓰고 싶은 것이 있으면 '기타'라고 ④번 항목을 만들어도 됩니다.

하지만 너무 많은 항목을 인위적으로 만들면 쓰다가 지칠 수 있으니, 딱히 항목 구분 없이 자유롭게 써두어도 상관은 없습니다. 단지 무형식일 때 오히려 글쓰기를 어려워하는 친구들을 보아왔기 때문에 기록의 방향을 알려두는 것이라 이해하면 될 것 같습니다.

이렇게 활동을 기록하는 과정에서 특별한 활동이라기보다 공부를 하면서 깨우친 바가 있다면 그것을 기록하는 것도 괜찮습니다. 예를 들어서

'수열을 공부하며 도형과 결합한 문제들이 잘 풀리지 않아 고민하다가 중학교 교과서의 도형 개념을 다시 익혔다. 그 후 도형 문제를 어렵지 않게 풀 수 있게 되었다.' 이것도 하나의 소재가 될 수 있습니다.

소소한 삶의 이야기들로 채워진 활동일기라 해도, 나중에 자신을 소개하는 글을 완성하는 데 큰 밑거름이 될 것이므로, 오늘은 짧게라도 무엇이든 기록해보도록 하는 것을 권합니다. 이건 비단 고입, 대입만을 위한 행동에 국한되는 것이 아닙니다. 나중에 취업을 하든, 자신만의 글을 쓰든 이 과정은 정말 큰 도움이 될 것입니다.

Part 2

자기소개서를
잘 쓰는 요령 15가지

2

자기소개서 작성에 앞서 명심할 15가지 자세

01

지원동기부터 고려하자

"지원동기가 무엇이니?"

"진짜 지원 동기를 말해야 하나요? 아님, 보여주기 용인 동기를 말해야 하나요?"

자기소개서 첨삭을 하다 보면, 정말 비슷한 생각을 하는 사람들을 연달아 만납니다. 이건 마치 인생의 딜레마와도 같다는 생각이 듭니다. 실제로 자기 자신의 꿈과 희망을 품고 철저하게 미래를 계획하며 준비하는 사람이 과연 몇이나 될까요? 현재 우리 아이들과 주변을 자세히 둘러봐도, 그렇게 흔치는 않을 것 같은데 말입니다.

그럼에도 불구하고 우리 삶에 의미를 부여하기 위해서는 자신이 하고자 하는 일의 동기를 생각해보는 것이 반드시 필요합니다. 그런 면에서 사람들은 직접 자기소개서를 작성하면서 자기와 자기 미래에 대한 생각을 하게 되는 것 같습니다. 저는 개인적으로 이것을 매우 긍정적인 효과라고 여깁니다. 그동안의 인터뷰를 돌이켜보면 대다수 사람은 개인적인 욕심과 성취욕이 더욱 컸던 것 같습니다.

분명히 그 바탕에는 물질적 욕망이 자리잡고 있기도 하고요. 다시 말하여 '잘 먹고 잘살고 싶은' 또는 '남들보다 나은 삶을 살고 싶은' 인간의 욕구에 의한 것이 어쩌면 가장 현실적인 이야기일 수밖에 없습니다. 그렇지만 그렇게 자기소개서를 쓰기에는 뭔가 속물처럼 보일 것 같아 걱정도 됩니다. 담당자로 하여금 선택되지 않을 것만 같기 때문입니다. 거짓을 말할 수도 없는 노릇이라 양심의 가책을 느끼는 아이들도 있긴 합니다.

학생부종합전형을 쓰는 성실한 아이들 같은 경우 거짓말을 못 하는 순수한 아이들도 꽤 많았습니다. 거짓을 말하는 것은 당연히 옳지 못합니다. 그래서 저는 대안을 생각해보자고 아이들에게 이야기를 하곤 합니다.

"그럼, 우리 좀 더 큰 의미에서 지원동기를 생각해보자."
"어떻게요?"
"그래, 그 '어떻게'를 생각해보자꾸나."

인생의 목표가 단순히 '잘 먹고 잘사는 것'에만 국한된 것은 아닐 것이라고 말이죠. 삶의 의미를 찾다 보면 좀 더 다른 측면에서 뭔가가 보일 것입니다. 그래서 '어떻게'를 그려보자고 합니다. 다시 말해서 '어떻게 살고 싶은가?'라는 질문에 대한 답을 찾아보면 생각보다 지원동기가 보기 좋게 나옵니다.

이에 대한 답은 대체로 '돈을 많이 벌어서 누군가를 도우면서 살고 싶다'거나 '특정 연구에 지원하고 싶다'거나 하는 큰 꿈이 등장하기도 합니다. 따라서 지원동기를 바라보는 시점은 '무엇을'이 아닌 '어떻게'에서 시작해야만 합니다.

예를 들어보겠습니다. 의사가 꿈인 학생이 있다고 해보죠. 이 친구는 의사가 되고 싶은 이유가 '전문직'이기 때문이라는 말을 했습니다. 그런데 지원동기에 '전문직이라 안정적이기 때문에 하고 싶습니다'라고 할 수는 없을 것입니다. 그래서 의사가 되어 '어떻게 살고 싶은가?'라는 질문에 답을 찾게 해보았습니다.

"그래서 어떻게 살고 싶은데?"

"정형외과에 가서 외과적 수술로 응급 환자들을 살리는 일에 매진하고 싶습니다."

"그럼 그걸 살려서 써보렴."

이런 식으로 좀 더 과정에 초점을 맞추어 지원 동기화하라고 하고 싶습니다. 보다 구체적이면서도 의미 있는 지원동기로 변화시킬 수 있기 때문입니다. 그리고 자신을 속이며 지어낸 동기가 아니기도 하고요.

또 하나는 그 목표를 이미 이룬 사람들을 살펴보라는 말을 하고 싶습니다. 위의 예시를 이어서 말하자면, 주변의 의사 중 닮고 싶은 모습이거나 좋아 보였던 것을 기억하며 그게 '왜' 좋아 보였던 것인지를 곰곰이 생각해보면 됩니다. 그러면 알게 될 것입니다. 자신의 미래를 어떻게 그리고 있는지 말입니다. 생각해보지 못했던 꿈이라면, 지금부터라도 반드시 생각해보도록 합시다. 어찌 보면 지원동기가 가장 쉬워야만 합니다. 그게 자신의 모든 노력의 근본이기 때문입니다.

저의 자기소개서 첨삭 방식은 인터뷰를 통해서 먼저 자기 내면에 있는 이야기를 꺼내어 듣고 직접 자신이 쓰게 하는 방식입니다. 덕분에 정말 많은 사람의 의견을 듣게 되곤 합니다. 그런데 정말 신기하게도 수많은 사람이 지원동기 문제로 같은 이야기를 했습니다. 지원동기는 가장 핵심적인 질문입니다. 무조건 이것부터 잡지 않으면 절대 좋은 자기소개서가 될 수 없습니다.

물론 솔직하게 쓰는 게 좋다고는 하지만, 아무리 생각해봐도 지원동기가 잘 떠오르지 않을 수 있습니다. 이럴 땐 솔직함보다는 약간은 이상적인 말을 찾아보라고 말하고 싶습니다. 거시(巨視)적인 관점으로 꿈과 희망, 미래를 위한다는 메시지를 넣어보도록 말입니다. 그러나 정말 지원동기가 없으면 어떻게 할까요?

"원래 되고 싶었던 것이 그럼 무엇이니?"

"잘 모르겠어요. 그래도 약사가 되면 좋을 것 같다고 생각했어요."

"왜 그렇게 되고 싶었니?"

"그냥 일하면서 아픈 사람들을 낫게 하는 거니까요. 도울 수 있다는 것? 그게 좋았던 것 같아요."

"그게 지원동기이겠네."

"아……. 네, 그럴 수 있겠네요."

최근에 만났던 한 학생은 정말 지원동기가 아무것도 없었습니다. 그래서 집요하게 이야기를 나눴습니다. 솔직히 지원동기가 아무것도 없는 친구들이 가장 힘든 인터뷰 상대이긴 합니다. 그래도 끝까지 이야기를 나누다 보면, 자신도 채 인지하지 못한 이야기들이 나옵니다.

결국, 아이는 '누군가를 돕고 싶다'는 생각을 했었다고 정리가 되더군요. 아이는 자신이 내뱉은 말들을 모아 글을 작성했습니다. 멋진 자기소개서가 완성되었고 말입니다. 근원적인 질문에 대한 대답이 동기로 바뀔 수 있다는 것이 결정적인 도움이 되었습니다. 정말 제대로 된 지원동기를 찾지 못한다면, 우리가 취할 수 있는 가장 좋은 방법은 원래 하고 싶었던 일을 '왜' 그렇게 생각했는지를 돌이켜보는 것입니다.

그러나 솔직함과 너무 동떨어진 가식적인 이야기는 피하라고 말하고 싶습니다. 일부 성공사례에서 말하는 지원동기를 보고 선입견을 품고 있는 경우도 있더군요. 학교에서 정해준 바는 없습니다. 오히려 그것 때문에 억지로 꿰맞춘 동기는 전체를 다 어색하게 만듭니다. 즉 지어내지 말되, 동기가 정말 없을 땐, 근본적 원인을 돌아보라는 것입니다. 그것도 정말 쓸 이야기가 없을 때 말입니다. 그리고 그 과정에서도 너무 심사자들의 선호라고 생각하는 바만 쓰지 말라고 권하고 싶습니다.

지원동기는 저마다 제각각입니다. 그리고 그래야만 합니다. 천편일률(千篇一律)적인 지원동기라면 굳이 서류를 받아볼 이유가 없습니다. 점수로 이미 심사가 끝나야만 하겠죠. 번거롭더라도 각자의 이야기를 받아서 보는 전형의 목적을 잊지 말기 바랍니다.

02

근거 있는 자신감을 갖자

저를 뽑아 주신다면, 학교에 누가 되지 않도록 최선을 다해 공부해서 꼭 학교를 빛내는 인재로 성장하고 싶습니다.

면접을 심사하는 사람들이 제일 듣기 싫어하는 말 중의 하나가 '뽑아만 주시면', '시켜만 주시면' 정말 열심히 하겠다는 말입니다. 마치 인생의 목표가 어딘가에 뽑히는 것에 있는 것처럼 과한 의사 표현이라고 생각됩니다. 살짝 거부감도 들고요.

실제로 수시와 정시 면접 기간에 의·치대 학생들의 면접 준비로 모의 면접을 진행해본 결과도 이 기분에서 크게 벗어나진 않았습니다. 학생들이 자기 생각이나 의지와 상관없이 '시키는 대로 무엇이든 열심히 잘하겠다'는 앵무새 같은 말을 하는 것이 도무지 학교에서 원하는 인재상으로 보이지 않았기 때문입니다.

　정은이는 무척 착하고 겸손한 아이였습니다. 게다가 순수하고 거짓이 없다는 장점을 갖추었습니다. 분명 이건 좋은 면이었습니다. 주변에서 누구라도 정은이를 좋아하지 않는 사람이 없을 정도로 호감을 주었으니 말입니다. 그런데 아이가 이렇게 매력적인 것에 비해서 아이의 글에서는 이런 좋은 점들이 잘 드러나지 않았습니다. 말과 글이 전달되는 과정에서 주는 차이에 대해 간과했기 때문입니다.

　아이는 평상시에 자기가 생각하던 대로 앞서 언급한 말을 자기소개서에 써두었습니다. '저를 뽑아주시면 학교에 누를 끼치지 않겠다'는 구절을 보며 순간 아이를 다시 생각해보게 되었습니다.

"정은아, 왜 이렇게 썼어?"

"네? 아……. 진짜 그렇게 생각해서요. 저보다 더 대단한 애들이 많은데, 안 뽑아주실 수도 있으니까요."

"네가 왜 대단하지 않아? 너 엄청 대단해!"

"에이……. 선생님, 저 안 대단해요. 다른 애들 보니까 저는 진짜 별거 아닌 거 같아요."

　아이는 수줍게 웃으면서 이야기를 했지만, 제 속은 좀 답답해졌습니다.

아이의 학생부를 찬찬히 살펴보고, 활동기록을 보아도 우수했습니다. 공부도 곧잘 해서 성적도 좋았고, 상도 꽤 많이 받았습니다. 그리고 무엇보다 동아리 활동이 인상적이었습니다. 활동을 열심히 해서 그 내용이 신문에 아주 크게 게재되기도 했습니다. 대문짝만하게 실린 아이의 얼굴을 보며 모두가 입 모아 칭찬도 했었습니다. 그런데도 아이는 자신이 부끄럽다고 했습니다. 아이의 주변에는 정말 대단한 아이들이 진짜 많았던지, 아니면 아이 스스로가 자신감이 없었던 것 같습니다.

"정은아, 너 같으면 이렇게 글을 쓴 아이를 어떻게 생각할 것 같아? 자신감이 있어 보이니? 정말로 인재상에 맞는 학생이라고 생각해?"

"아, 아니요……."

"그럼, 만약 네가 뽑는 사람의 입장이라고 생각해보자. 어떻게 써야 할 것 같아?"

"자신감 있게 써야 하지 않을까요?"

본인도 아는 정답을 요리조리 피해 다니기만 했던 아이에게 자신감을 가지라고 이야기를 해두었습니다. 아이는 말을 제대로 따랐습니다. 수정에 수정을 거듭해서 '당당한 자신'이 제대로 표현된 자기소개서가 완성되었죠. 그리고 Y 대학교의 면접에 임하게 되었습니다. 물론 아이는 마지막 면접에서 같은 실수를 하긴 했습니다.

"마지막으로 하고 싶은 말 없어요?"

"네. 뽑아주시면 정말 누를 끼치지 않고 열심히 하겠습니다!"

성격까지는 바뀌지 않는 터라 아이는 면접을 보러 가서 같은 이야기를 했답니다. 다행히도 아이는 합격했습니다. 실제 만나서 보면 무척 매력이 넘치는 아이였다는 것이 인정된 듯 말입니다. 글과 말은 같지 않으니 아이는 면접에서 오히려 더 빛날 수 있었던 것 같습니다.

"쫄지 마!"

아이들에게 자기소개서를 작성하기 전 꼭 잊지 않고 하는 말입니다. 나보다 더 우수한 아이가 있을 것이라고 지레 겁먹지 말고, 자신감을 가지라는 뜻에서입니다. 모두가 다 우수한 아이지만, '우수하다'는 기준도 학생부종합전형에는 정해져 있지 않으니까 말이죠.

꼭 논문을 많이 쓰고, 수상 내용이 화려해야만 우수한 것은 아닙니다. 자신의 잠재력을 잘 표현할 수 있는가 없는가는 무척 중요하기에 무조건 자신 있게 시작해야 합니다. 저는 늘 이런 점이 우리 아이들에게 안타까웠습니다. 나서지 않고 겸손한 것이 미덕(美德)인 것은 합격을 위한 자기소개서에는 해당하지 않는 사항이랍니다.

만약 본인이 학생을 선발하는 담당자라고 가정해보죠. 어떤 학생을 뽑고 싶을까요? 자신이 한 일을 가감(加減) 없이 다 드러내는 사람일까요? 아니면 자신을 자꾸 감추고 주눅 드는 사람일까요? 글은 생각보다 정직합니다. 많이 읽다 보면, 글을 쓴 사람의 의도는 물론이고 성격까지도 속속들이 다 알 수 있답니다.

그래서 저는 늘 '글을 쓰기 전에 자기 정체성을 명확히 하라'고 조언합니다. '나는 멋지다'를 한 10번 정도 외쳐보고 포부를 갖고 글을 써보죠. 뽑아주시면 누를 끼치지 않고, 학교를 빛내겠다는 입에 발린 소리는 접어두고 말입니다.

03

의미를 부여하자

"선생님, 전 뭐 특별한 활동이 없는 거 같은데요?"

"무슨 소리야?"

"그냥 다 평범한데 뭘 쓰라는 걸까요?"

소희의 말을 들은 저는 한동안 아이를 어이없는 눈으로 쳐다볼 수밖에 없었습니다. 왜냐하면 아이가 너무 모든 것을 가치 없이 보기 때문이었습니다. 제가 아는 바에 의하면 아이는 6년을 넘게 같은 노인복지원에서 봉사하고 있었고, '밥 차' 봉사도 꾸준히 하고 있었습니다. 그런데도 자신이 선행을 한 게 없다고 이야기를 했습니다.

그뿐만이 아니었습니다. 자신은 특별한 게 없다는 것이 아이의 주장이었습니다. 그런데 어머니의 말씀과 학생부는 전혀 다른 이야기를 했습니다.

“담임 선생님께서 소희는 너무 소심하다고 하셨어요. 처음엔 적응하는 게 정말 힘들었었죠. 그래서 제가 아무리 바빠도 학교 활동에 꼭 참여하기로 마음먹었어요. 제가 자주 학교에 가서 학부모회나 활동을 많이 하니까 아이도 바뀌더라고요.”

그 후 아이는 6년간 반에서 임원을 놓친 적이 없습니다. 게다가 동아리 장이기도 했고요. 그런데 왜 아이는 자신이 특별함이 없다고 이야기하는지 도통 알 수가 없었습니다. 그래서 아이와 좀 더 깊은 이야기를 나눠보기로 했습니다. 조금 긴 시간이 걸리긴 했지만, 아이와 대화를 오랜 시간 나누면서 소희에 대해서 더욱 잘 알 수 있었습니다. 그리고 설득도 할 수 있었죠.

“네가 한 활동을 보렴. 그리고 네가 겪어온 일들도 보고. 그게 그렇게 가치 없고 아무 특색 없는 일인 것 같니?”

“말씀 듣고 보니, 아닌 것도 같아요.”

“그래, 너처럼 이렇게 장기간 봉사하고, 임원을 연달아 하고, 이런 거 드문 거야.”

“아무래도 TV가 문제인 것 같아요. 너무 대단한 일들이라 제가 한 게 별로 대단해 보이지 않았어요.”

황당하게도 자신감 상실의 원흉은 TV가 되었던 사건이지만, 나름 시사하는 바가 있었습니다. 소희 같은 친구들을 심심치 않게 만나기 때문입니다. 그래서 '어려움을 극복한 경험에 대해 구체적으로 기술하시오'라는 질문을 접할 때 쓸 게 없다는 말을 하곤 합니다. 그러나 이건 모두 드라마틱한 사연에 너무 기준을 두기 때문입니다. 드라마나 다큐멘터리에서 접하는 소식과 비교하면, 당연히 자기 자신의 일화가 초라해 보일 수 있습니다.

예를 들어서 막노동을 하면서도 의대에 합격한 사연이라던가, 장애를 극복하고 명문대에 합격한 사연을 보면 내 어려움은 그에 비하여 하찮아 보이기 때문입니다. 그런데 정말 이렇게 드라마틱한 사연을 가진 사람이 그렇게 많을까요? 오히려 대다수는 나와 그다지 다르지 않습니다. 따라서 너무 주눅 들어서 가치를 두지 않는 자세를 경계해야만 합니다.

"잘 생각해봐. 왜 TV에 나오겠니?"

"흔하지 않아서?"

"그래. 이미 TV에 나오는 것 자체가 일반적이지 않은 거야. 그런 특수한 상황에 빗대어 자신이 한 활동이 가치 없다고 생각하면 안 돼."

지금은 3년째 반회장을 맡고 있지만, 원래 저는 '소심하다'는 이야기를 자주 듣곤 했습니다. 하루는 어머님께서 담임 선생님과 면담을 하시고 걱정이 되셨던 것 같습니다. 제게 학교 활동을 같이 열심히 하자고 권하셨습니

다. 그 후 어머니께서는 학교활동에 적극적으로 참여하셨고, 저도 그에 뒤

질세라 반에서 임원을 맡아 활동하기 시작했습니다. 그러면서 저의 성격도

점차 활달하게 바뀌었습니다.

소희의 수정된 자기소개서입니다. 여러분도 자신의 활동에 의미를 부

여해보기 바랍니다. 아주 작은 것이라도 말입니다. 소희처럼 소심한 성격

을 고치는 것도 어려움을 극복한 사례가 될 수 있습니다. 의미는 부여하는

것에 따라 있을 수도 있고, 없을 수도 있기 때문입니다.

04

모든 활동에 목표점을 설정하자

앞장에 등장했던 지현이의 이야기를 다시 해보고자 합니다. 지현이의 경우에서 보셨던 것과 같이 아이는 딱히 생각 없이 활동을 해왔습니다. 자연계임에도 인문계에서나 할법한 동아리나 상 등을 수상한 아이에게 그다지 해결책이 많아 보이지 않았습니다. 그래서 아이 스스로 자신의 학생부를 보고 또 보고, 수많은 고민을 하면서 실마리를 찾을 수밖에 없었습니다.

결국, 자신이 처음부터 하고자 하던 일보다는 결론적으로 드러난 요소를 바탕으로 사후에 판단된 지원일 수밖에 없었습니다. 학생부종합전형의 취지와는 전혀 닿아있지 않을뿐더러 정말 멀 수밖에 없겠죠. 아이가 어떻게든 학교에 합격한다고 할지라도 자신의 흥미와 적성에 맞지 않을 가능성이 커질 수밖에 없습니다.

지현이는 편입을 준비하고 있습니다. 자신이 하고 싶었던 일이 아니었던 것이죠. 고3 때에 이르러 합격률을 높이기 위해 급하게 설정된 희망진로에 아이 본연의 특성이 고려되었을 리 없습니다. 어렵게 입학해 다니던 학교를 어떻게든 벗어나려고 하는 모습이 안타깝게만 보였습니다.

그나마 지현이는 합격 이후에 다른 학과를 고려하는 모습이니 조금은 배부른 투정이라고 보일 수도 있겠습니다. 이렇게 합격조차 하지 못하는 것이 더 일반적일 텐데요. 진로에 대한 준비가 없었다면 말입니다. 지현이의 합격을 이 분야에서 10년 가까이 일한 사람으로서 판단해보자면, 정말 기적과도 같은 특수한 결과라고 할 수 있습니다. 게다가 지현이는 자기소개서 작성이 무척 힘들었습니다. 수능 공부를 거의 못하고 두 달 가까이 매달릴 만큼 말입니다.

단언컨대 이렇게 다 끝난 활동을 보고 끼어 맞추는 것보다 미리 준비하는 것이 좋습니다. 여러분 모두가 아시겠지만 말입니다. 그럼 목표를 정해두고 차근차근 준비하려면 어찌해야 할까요? 그리고 글은 어떻게 쓸까요? 이것을 규정하는 건 생각보다 자세한 정보의 유무(有無)란 생각이 듭니다.

현재 교육계의 흐름으로는 가장 중요한 것 중 하나가 진로 문제인데요. 이 진로를 제대로 알기란 쉬운 일이 아닙니다.

"저 통계학과에 가고 싶어요."

"왜?"

“빅 데이터(Big Data) 전문가가 되고 싶거든요. 근데 문과라서 갈 수 있는 학과가 별로 없어요. 그게 걱정이에요.”

“채영아, 빅 데이터 전문가가 되면 무얼 할 것 같아?”

“데이터 분석하고…….”

“그래서? 분석해서 무얼 하는데?”

“…….”

얼마 전 한 학생과 실제로 나눈 대화 내용을 옮겼습니다. 채영이는 야무진 아이입니다. 공부도 잘하고 꿈도 있습니다. 그런데 자신은 구체적이라고 생각하는 꿈이지만, 생각보다 구체적이지 않습니다. 잘 모르기 때문입니다. 그래서 아이는 학과도 하나만 주장하고, 별다른 선택의 여지가 없어서 고민했던 것입니다.

“채영아, 빅 데이터 전문가가 하는 게 결국 뭐겠니? 문과면 그걸 이용해서 사회든, 경제든 분석하겠지? 사회학은 통계가 필수야. 그 이해가 없으면 전공하기가 힘들단다.”

그제야 아이도 지원학과가 없어 고민하던 것을 털어낼 수 있었습니다. 아이들은 아직 꿈과 그 목표점에 대한 이해가 부족합니다. 그건 어른들의 지도나 또는 찾을 수 있는 길을 알 수 있도록 도움을 받아야만 합니다.

"실은 저도 빅 데이터 전문가가 무엇인지 잘 몰랐어요. 그냥 요즘 그게 좋다고 해서요."

당연히 논리가 부족할 수밖에 없었겠죠. 그래서 아이들이 학과와 전공, 그리고 하는 일에 대해 이해를 하도록 해야만 합니다. 이런 경우에 저는 자신이 막연하게나마 희망하는 학교와 학과의 웹사이트를 찾아 들어가라고 합니다. 그러면 생각보다 간단히 해결되기도 하니까요.

예를 들어서 자주 언급하고 있는 명문사학 K대학교 같은 경우를 살펴보겠습니다. 이 중에서 화공생명공학과라는 학과 사이트를 보겠습니다. 이곳의 '학과소개'란에는 화공생명공학이라는 학과와 그 학과에서 공부하는 분야, 그리고 진로까지 친절히 소개되어 있습니다. 이건 비단 이 학교와 이 학과에 국한된 것이 아니라, 여러 다른 학교 학과들에도 적용되는 예입니다. 대부분 학교에 학과에 친절한 설명이 기재되어 있습니다.

제가 이 학과를 예로 들게 된 이유는 한 학생과의 상담에서 느꼈던 정보 부재의 현상 때문입니다. 아직 어린 학생은 무턱대고 이 학교, 이 학과를 가겠다고 당당히 제게 말했었습니다.

"저는 K대학교 화공생명공학과에 가고 싶어요."
"그래? 멋지구나. 그런데 화공생명공학과에 왜 가고 싶니?"
"그게……."

“혹시 화공생명공학과가 뭘 하는 곳인지 아니?”

“…… 잘 모르겠어요.”

그냥 어디선가 주워들은 멋진 말 때문에 가고 싶다는 생각을 하게 되었던 것 같았습니다. 게다가 아이는 아무런 정보가 없었습니다. 그래서 저는 아이게게 권해주었습니다.

“일단 학과 홈페이지를 열어보고, 화공생명공학과가 무엇을 공부하는 곳이며 진로가 무엇인지 좀 알아올래?”

그렇게 며칠이 지나 나타난 아이는 정확한 정보를 바탕으로 자신이 원하는 꿈까지, 이전보다는 좀 더 자세히 설정해왔습니다. 아이는 국책연구소에 들어가는 것이 꿈이라고 합니다. 신재생에너지를 연구해서 국가 정책 사업에 큰 보탬이 되고 싶다고 했습니다. 아직은 더 자세하게 꾸미는 과정이 필요하겠지만, 한 단계 발은 디딘 것 같았습니다.

“그럼, 무슨 과목을 열심히 해야 할 것 같니? 지금보다 더욱 네 꿈에 가까워지려면? 조사해봐서 알겠지?”

“음……. 화학과 생물을 특히 열심히 해야 할 것 같아요. 그리고 동아리도 화학이나 생물 쪽으로 해야겠어요.”

이렇게 아이는 전보다 구체적인 그림을 그리게 되었습니다. 아는 것과 모르는 것의 차이는 무척 큽니다. 아직 자기 꿈을 구체적으로 그릴 능력이 없다면 일단 찾아보도록 합시다. 학교와 학과 홈페이지에서 아주 많은 정보를 보여줍니다.

제가 흔히 강연회를 통해 하는 말이 있습니다.

"여러분, 이 학교에 이 학과에 입학하고 싶다고요? 그럼 10번 이상 학교와 학과 홈페이지에 접속해서 확인해보세요! 적어도 그런 성의가 있어야 합격에 가까워집니다!"

05

연결성을 살리자

'연결성을 살려라.'

자기소개서를 쓰면서 가장 많이 듣는 이야기 중의 하나일 것입니다. 처음부터 끝까지 일관성을 갖고 준비해온 사람들에게는 너무나 당연하고도 맞는 말입니다. 하지만 참 어려운 말이기도 합니다. 실제로 학생들과 이야기를 나눠보면 학교에서의 활동과 자신이 생각하는 길과의 유기적 연결고리가 명백하지 않은 경우가 많기 때문입니다.

만약 학교에서 동아리 개설이 자유롭거나 활동에 대한 기반이 준비되어 있다면, 자기 스스로 원하는 방향의 미래를 그려가기 쉬울 것입니다. 그런데 그렇지 않은 경우는 어떻게 해야 할까요? 또 자신이 원하는 대로 동아리 개설이 되지 않을 수도 있고, 학교 활동이 적절하게 준비되어 있지 않다면 과연 어떻게 해야 할까요?

예전에 동아리를 정하면서 선택을 고민하던 한 학생의 일화가 기억납니다. 이 학생은 과학, 그중에서도 건축계열로 학교를 진학하고 싶어 했습니다. 그래서 자연스레 물리 관련 동아리나 그쪽 분야에서 경험해볼 기회를 얻으려 했습니다. 그런데 선택의 폭이 너무 좁았습니다. 이과 관련 동아리로 마뜩한 것은 그나마 수학 동아리였습니다.

당연히 아이의 관심사는 수학이 아닌 건축이었습니다. 그러나 건축 관련 동아리를 개설하고 싶어도 함께 할 친구가 없었습니다. 외부 활동을 넣을 수 없으니, 외부 활동으로 꾸준히 참가하던 청소년 건축 공모전이나 건축교실 등의 성과를 쓸 수 있는 것도 아니었습니다.

가끔 아이의 태도나 마음가짐, 성적 등은 정말 훌륭한데, 학생부 활동이 생각보다 부실한 상태일 때를 종종 보게 되는 경우가 있습니다. 그리고 자신이 원하는 것과는 맞지 않는 활동밖에 선택의 여지가 없었기 때문에 딱히 할 수 있는 게 없었다는 이야기를 들었습니다.

"그래도 뭐라도 하지……."

제 입에서 흘러나온 이 말 역시 비논리적입니다. 꿈과 끼를 연결 지으려 노력하라고 누누이 말했지만 말입니다. 어쨌든 아이는 성적이 좋은 거 말고는 뚜렷이 내세울 것이 없었습니다. 외부 활동이 넘친단고 한들 무슨 소용이 있을까요?

　학교 내부에서의 활동만으로 자기소개서를 써야 한다는데, 한계가 너무 큽니다. 물론 여러 비용이 많이 들고 격차가 크게 발생하는 외부 스펙을 가리게 한 것이 공교육의 정상화에 기여하는 바는 분명 있습니다. 하지만, A부터 Z까지 갖출 수는 없는 노릇입니다. 당연히 이 아이와 같은 사례도 생기기 마련입니다.

　"독서로 메워보고, 되든 안 되는 뭐라도 해보렴."

　어쩔 수 없이 제가 아이에게 한 조언입니다. 연결성이라는 건 거시적으로 맞춰볼 수도 있다는 측면에서 말입니다. 예를 들어서 건축을 하고 싶은 학생은 수학동아리를 통해서 공학적인 이해력을 키울 수 있고, 미술 동아리에서 미적 예술 감각을 키울 수도 있는 것처럼 조금 열린 마음으로 접근하라는 것입니다. 주어진 환경을 당장 어떻게 할 수 없는 경우에는 자기 스스로 그 환경에 적응해보려고 노력하는 것도 필요합니다. 어찌 보면, 좀 더 현실적으로 아이들이 처신할 수 있는 방법입니다.

　그러므로 '연결성'을 너무 협소하게 보지 말자는 말을 하고 싶습니다. 더 멀리 보고 크게 생각하도록 합시다. 메이크업 아티스트가 꿈이라고 당장 화장하는 법을 배울 필요가 있는 것은 아니니까요. 지금 그 학생에게 필요한 것은 차라리 '아름다움'에 대한 식견일 수 있습니다. 그런 맥락으로 연결성을 찾는 학교생활, 활동, 공부가 이어지길 바랍니다. 딱 정해서 '이것만' 하는 것이 우리의 융통성이나 기회를 오히려 제한할 수 있기 때문입니다.

자기의 꿈과 끼를 찾아가는 여정은 깁니다. 바로 눈앞의 가시적인 것이 전부는 아닙니다. 연결성도 긴 길을 천천히 걸어가면서 찾아보도록 합시다.

06

일관성을 갖자

"꼭 이거 다 써야겠니?"

"네, 저 꼭 붙어야 해요!"

"그런데 썩 글이 잘 나올 것으로 보이지 않는구나……."

"그래도 해볼게요. 선생님."

학생부종합전형으로 지원을 하다 보면, 예상치 못한 문제가 하나 있습니다. 경쟁률과 학교별 학과 등을 고려하다가 학과를 많이 다르게 지원하게 되는 경우입니다. 실제 Y대학교에 합격했던 희원이의 사례가 있습니다.

이 아이는 여러 학교에 넣을 수 있는 모든 학생부종합을 다 넣었습니다. 그래서 총 6개의 자기소개서를 작성했죠. 그런데 이렇게 다양하게 학과를 지원하는 것의 문제는 단순히 '힘이 많이 든다'는 것을 넘어 자기소개서가 예쁘게 잘 나오기 어렵다는 것입니다. 학교별로 새롭게 다 쓰지 않는 이상, 활동이 일관적이고 전공과 적합성을 띈다는 것을 드러내기 어려우니 말입니다.

아이는 자기 꿈도 명확했고, 그 꿈과 연계된 좋은 활동도 많이 하고 있었습니다. 다만 한가지 문제점이라면 수능에서 내신보다 나은 성적을 받을 자신이 없었습니다. 그런 탓에 무조건 수시로 합격을 해야만 한다는 부담감이 컸습니다. 아이는 합격률을 높이기 위해 자신이 원하는 학과보다는 경쟁률과 합격 가능성을 따져 그중에서도 가장 가능성이 큰 곳들을 중심으로 수시를 지원하려고 했습니다. 그래서 지원 학과와 진로적성이 맞지 않았습니다.

결국, 이 친구는 자기소개서를 여러 타입으로 새롭게 다시 써야만 했습니다. 경제학과, 행정학과, 정치외교학과. 이렇게 3가지 종류의 학과별로 자신의 활동을 정리해서 쓰는 것은 쉬운 일이 아니었습니다.

학생부종합의 취지에 따르면 희원이의 사례가 이상적인 모습은 아니지만, 이런 경우는 생각보다 비일비재(非一非再)하기도 합니다. 현실적으로 모든 학과가 학교마다 전부 있는 것도 아니고요. 어쩔 수 없이 학생들이 원하는 학교에 어떻게든 입학하려면 이런 방법을 쓸 수밖에 없기도 합니다. 매번 자기소개서 작성 기간에 만난 많은 아이가 이런 유사 문제를 갖고 있기도 했습니다.

그렇다면 어떻게 학과별로 활동을 맞춰야 할까요? 모든 학과가 다 똑같은 내용으로 채울 수 있는 것은 분명 아닌 것 같은데 말입니다. 이런 선택을 해야만 하는 경우엔 저는 비슷한 학과를 고르라고 말합니다. 지원하려는 학과들이 전혀 다르면 기존에 했던 활동을 조합해서 기술하기도 어렵고, 논리적으로 표현하기도 쉽지 않습니다. 이에 비해 비슷한 학과끼리는 내용을 크게 고치지 않아도 되기 때문에 새로운 글쓰기에 대한 부담이 적습니다.

그래서 희원이에게는 행정학과와 경제학과로 한정하여 지원하자고 이야기했었습니다. 하지만 아이는 자신이 지원하고자 하는 학과에 미련이 남은 탓에 세 종류의 학과에 모두 지원하게 되었습니다. 각기 다른 세 학과에 대한 글을 준비하며 아이는 무척 힘들어했습니다. 이를 해결하는 방법은 그리 어렵지 않았습니다. 이런저런 고민을 하기 전에, 저는 무조건 하나의 학과에 집중하여 써보라고 합니다.

2번 항목인 '의미 있었던 활동'은 내용이 똑같아도 무리가 없습니다. 물론 모든 항목에 학과 특성을 살려 쓰는 것을 추천하지만, 자신이 해온 활동은 바뀌지 않는 요소니 그대로 활용해도 크게 무리가 없을 수 있습니다. 3번 항목의 '배려, 나눔, 협력, 갈등관리'도 마찬가지입니다.

문제가 되는 것은 지원하게 될 학과의 성격이나 특성이 크게 반영되는 1번 항목의 '학업에 기울인 노력과 학습경험'인 경우가 많습니다. 즉, 신경을 써서 바꿔야 하는 항목은 1번 항목으로 국한될 확률이 높습니다.

희원이는 가장 가고 싶었던 경제학과와 관련된 학습 경험 위주로 글을 먼저 써두었습니다. 그다음에 다른 학과를 작성할 때, 1번 항목은 학과를 바꾸어 새롭게 작성했습니다. 예를 들어 행정학과에 지원하는 경우 경제학에 국한되었던 이야기에 행정에 대한 생각을 보태었습니다. 즉, 재정기획부나 금융감독원 등의 경제 관련 업무에 대한 자기 생각을 풀어썼습니다. 그리고 나머지 2번과 3번에선 큰 변화 없이 정리했습니다.

결국, 아이는 정치외교학과를 제외하고 자신이 원하던 경제학과와 행정학과에 합격할 수 있었습니다. 맥락을 보듯이 논리적으로 오류가 없게 서술된 학과에서만 합격통지서를 받을 수 있었습니다. 억지로 내용을 끼워 맞춘 학과인, 정치외교학과에서는 불합격이었습니다. 분명 정치외교학에 맞춰 2번 항목을 수정하긴 했지만, 이미 전체적인 얼개가 어긋나 완성본의 내용이 좋아 보이지 않았습니다.

자기소개서는 억지로 쓸 수 없는 것 같습니다. 논리가 맞고 일관된 스토리가 있어야만 합니다. 학과를 비슷하게라도 아니, 논리적으로 이야기가 맞도록 선택하라는 이유가 바로 이것 때문입니다. 수시 기간이 되면 많은 학생이 원서를 쓸 때 지원 학과에 대해 고민할 것입니다. 이럴 때 웬만하면 같은 학과로 일관성을 유지하길 바랍니다. 혹시 그렇지 못하다면, 제 말처럼 유사한 학과들을 잘 선택하도록 하는 것이 차선책이 될 수는 있을 것입니다. 물론 합격률이 아주 높다고는 할 수 없지만 말입니다.

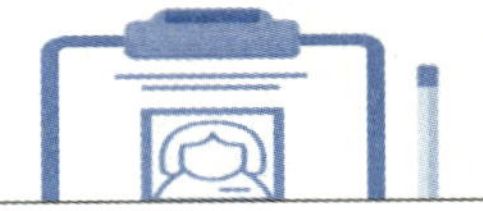

07

담고 싶은 소재 고르기부터 제대로 하자

"선생님, 서울대 자기소개서를 쓰고 싶은데요. 지금부터 무엇을 시작해야 할까요?"

얼마 전 한 학생이 자신이 하고 싶은 것들에 대해 제게 메일을 보냈습니다. 아이의 용기와 당당함이 대견스러워 답장을 보냈습니다.

"우선 밑그림부터 그리렴."

당시 아직 중간고사 기간을 앞두고 있었고, 자기소개서 작성에 열을 올리기엔 시기적으로 좋지 않다는 판단에서 한 조언이었습니다. 어쨌든 학생부종합도 반드시 내신 성적이 좋아야 합격 가능성이 더 많이 올라가기 때문입니다. 그래서 무조건 3학년 1학기 기말고사까지는 그 끈을 놓지 않고 최선을 다해야만 합니다. 내신 시험을 앞둔 상태라면, 자기소개서 작성에 몰입하는 것보다는 가볍게 준비를 하는 것을 추천합니다. 그 준비 작업을 개념적으로 이해할 수 있게 밑그림이라 표현한 것이고요.

보다 구체화해서 이야기하자면, 소재를 키워드만 써서 정리하는 작업이라고 해도 될 것 같은데요. 자신이 한 활동들을 나열식으로 써두는 것입니다. 자기소개서 항목별로 말이죠.

자소서의 1번 항목은 학습경험이니, 여기에 들어갈 소재를 대표하는 말로 써둡니다. '수학경시 수상', '영어 1등급으로 향상' 이런 식으로 말이죠. 2번 항목은 좀 더 이 작업이 필요합니다. 자신이 의미를 두고 했던 활동들을 적어야 하니, 이곳에 '과학 동아리 개설', '교지 발간' 등의 주요 활동들을 간략하게 적어만 두도록 합니다.

단, 이렇게 활동명만 쓰도록 하기를 권합니다. 아직은 어떤 추가적인 말도 달지 않도록 합시다. 너무 한꺼번에 많은 생각을 해서 써두려고 하면 전체적인 그림을 그리는 데 오히려 방해될 수 있습니다. 스케치할 때, 전체 윤곽을 잡고 세밀한 부분은 나중에 채우는 것과 같은 원리입니다.

세밀한 부분을 신경 쓰다가 전체의 그림을 예쁘기 그리지 못할 수 있습니다. 소재를 잡을 때는 일단 전체적인 구도를 잡는 듯 간단하게만 해두길 바랍니다. 그리고 되는대로 생각나는 것을 최대한 많이 써두라고 합니다.

자기소개서의 반은 소재에서 시작됩니다. 어떤 소재를 다루느냐에 따라 좋은 자기소개서와 좋지 않은 자기소개서로 나뉠 수 있습니다. 그래서 이 작업에 더 성의를 갖고 임해야 합니다. 자신의 기억에서조차 가물대는 것들을 모두 되는대로 끄집어서 써야만 하므로, 이 작업을 한 번에 마치려 해서는 안 됩니다. 공부할 때 집중이 잘 안 되는 시간을 틈틈이 활용하는 것이 더 좋을 수도 있습니다.

앞에 문의했던 학생에게도 같은 이야기를 했습니다. 한 번에 다 쓰려 하면, 오히려 좋은 소재를 놓칠 수 있으니 천천히 많이 찾아서 써두라고 말입니다.

물론, 앞장에서 언급한 '활동일기'를 미리미리 써두었더라면 이 작업이 딱히 필요가 없겠지만, 대다수 학생은 '열심히'는 했어도 '계획해서' 하지는 않기 때문에 활동 나열을 통해 소재 찾기를 하는 것이 좋은 글쓰기의 기초 작업이 될 수 있습니다. 더불어 이 작업은 면접을 준비하는 친구들에게도 꼭 해보라고 하는 작업이기도 합니다. 학생부를 읽어 보아도 그 내용이 머리에 잘 남지는 않습니다.

따라서 수많은 내용은 다 접어두고, 그중 활동의 키워드만 한 페이지에 한 줄씩 보기 좋게 써보라고 합니다. 그러고 나서 할 일은 그 소재 중 같은 맥락의 활동을 묶는 것입니다. 면접은 질문을 예상할 수 없으므로 나중에 묶는 방식을 선택한다면, 자기소개서의 질문은 이미 나와 있으니, 그 질문마다 해당하는 항목을 써두라는 것이죠.

지금은 무엇보다 공부가 최우선이니, 우선은 '소재 고르기'를 위한 정리에만 일정 시간을 할애하시기 바랍니다. 이것만 잘 되어 있어도 이후 자기소개서 글쓰기 진도는 쑥쑥 나가니 말입니다.

08

선택하고 집중하자

"그래도 이건 꼭 넣고 싶은데요. 어떻게 안 될까요?"

자기소개서를 쓰다 보면, 그동안 해왔던 것이 많고, 재주가 많은 학생은 욕심을 갖기도 합니다. 전에 만났던 주영이는 그동안 준비를 정말 많이 했던 것으로 보였습니다. 수상했던 기록도 많았고, 자신도 자랑스러워할 만한 것들도 눈에 띄게 두드러졌습니다. 그래서 본인이 그중에 골라내기가 쉽지 않았던 듯합니다.

아무래도 이런 심리 상태는 글에서 명확하게 드러날 수밖에 없습니다. 특히 학업 성취에 관한 부분에서 그간 받아온 상이나 성과가 아까웠던 듯합니다. 그 하나의 질문에 들어간 과목이 국어, 수학, 한국사와 윤리 그리고 제2외국어에 이르기까지 다양했습니다. 성적도 손에 꼽을 정도였고,

그에 맞는 교과목 상도 모두 받았던 터라 언급하는 자체는 일리가 있어 보이긴 했습니다.

그런데 저는 글을 읽는 과정에서 매우 불편함을 느꼈습니다. 글자 수의 한계 때문에 그 많은 과목을 대부분 몇 줄 못 쓰고 성과만 나열하게 되었기 때문입니다. 정작 가장 중요했던 '배우고 느낀 점'은 잘 드러나지 않았습니다. 나열식을 피하라고 해도 그렇게 쓰이는 이유 중 하나가 바로 이것입니다. 너무 많은 장점을 쓰다 보니 제대로 표현을 못 하는 것이죠.

게다가 주영이는 자유전공을 목표로 쓰던 터였습니다. 자유전공이기 때문에 학업과 전공과의 관련성에서 딱히 자신이 어떤 선택을 하지 못하는 듯했습니다. 많은 학생이 자유전공이 그냥 준비되지 않았을 때 넣어도 되는 과인 줄 아는 경우가 있습니다. 그런데 이건 정말 큰 오산입니다. 오히려 그럴수록 적극적으로 자신이 나서서 목적에 맞게 학업능력이 잘 융합될 수 있는 가능성을 보여야만 합니다. 그러므로 여러 과목의 장점을 관련성 없이 드러내는 것은 결코 도움이 되지 못합니다.

"선택과 집중을 하라."

지나온 자기소개서 첨삭과 상담 기간을 돌이켜보면, 가장 많이 했던 말이었던 것 같습니다. 쓸 내용이 많든, 적든 이 말은 모두에게 통용되었던 이야기입니다. 그만큼 모두에게 쉽지 않은 것이기도 하고요. 특히 "선택이 더 어렵다", "우선 고르기만 해도 그 다음은 어렵지 않다"는 푸념을 익히 들어왔습니다. 선택이 쉽사리 되지 않을 때, 저는 '월드컵처럼 고르라'는 조언을 합니다.

주영이를 예로 들어보겠습니다. 자랑스러운 분야라고 여겨지는 국어, 수학, 한국사와 윤리 그리고 제2외국어를 일단 나열해보도록 하죠. 그리고 두 개씩 묶고 이것들만 비교해봅니다. '국어와 수학'을 나란히 놓고 비교해보죠. '둘 중 어느 것이 더 좋아 보이는가?' 그리고 '한국사'와 '윤리'를 비교해 보죠. '그 둘 중 무엇이 조금 더 나은가?' 이런 식으로 선택해서 남기는 것과 버리는 것을 구분 짓습니다.

그리고 남긴 것 중 최종 선택을 하나 혹은 두 가지를 해서, 그것만 집중적으로 써보도록 하는 것입니다. 간단하지만, 실제 실행하면서 수많은 생각과 고민을 낳는 방법의 하나입니다. 그리고 글을 쓰기로 한 이상, 반드시 이 과정을 거쳐야만 합니다. 주영이도 이 가운데에 추리고 추려서 두 가지를 남겼습니다. 그리고 마무리까지 꽤 좋은 글로 성과를 낼 수 있었습니다.

이건 비단 자기소개서뿐만 아니라, 앞으로도 글을 쓰는 과정에서 그리고 삶에서 어떤 목표를 향해가는 과정에 무척 중요한 태도 중 하나가 될 것입니다. 결국, '선택과 집중'을 잘하는 사람이 성공에 보다 빨리 도착할 수 있습니다. 물론 자기소개서는 말할 것도 없고요.

09

일단 많이 쓰자

자기소개서는 한 번에 완성하는 글이 아닙니다. 그러다 보니 몇 차례의 수정이 있을 수밖에 없습니다. 그런데 그 과정에서 학생들이 가장 수정하기 어려워하는 글이 '부족한 글'입니다. 질적으로 부족하다는 뜻도 있겠지만, 여기서는 양적으로 어려워하는 것을 말씀드리고 싶습니다.

말 그대로 '양이 부족한 글'입니다. 수정하다 보면 군데군데 소재를 덜어내거나 불필요한 표현을 빼거나 하는 일이 수두룩합니다. 수정 중 글을 확 줄이게 되면, 학생들은 새롭게 글을 다시 생각해내고 소재를 찾아 작성해야만 합니다.

수차례의 수고스러움이야 당연하겠지만 처음부터 같은 일을 다시 하는 것과 같은 상태라 별로 추천할만한 방법이 아닙니다. 학생들이 무척 힘들어 하기 때문에 말이죠. 그래서 저는 그것보다는 한 번에 많이 쓰라고 하고 싶습니다. 대체로 1.5배~2배 정도는 써오는 것을 권합니다. 일단 글이 많으면 소재를 덜어내거나 수정하는 것에 부담이 적어집니다. 남아 있는 글을 고치면 되니까요. 글자 수를 줄인다고 해도 다시 학생부를 뒤져서 쓸 거리를 찾는 일을 반복하지 않아도 됩니다.

한 번에 생각나는 대로 글을 쓰는 것의 장점은 여기에 있습니다. 그래서 자기소개서는 마음을 먹고 한 번에 무조건 많이 써야만 합니다. 목표는 글자 수 제한만큼이 아니라 무조건 길게 말이죠. 흔히 저는 학생들에게 이렇게 말하곤 합니다.

"줄이기는 쉬워도 늘이기는 어려워."

실제로 예전에 만났던 세현이의 경우를 들 수 있습니다. 이 친구는 학생부종합전형으로 몇몇 학교에 지원하려고 했습니다. 그런데 무엇보다 글자 수가 문제가 되었습니다. 꼭 맞게 써오거나 부족하게 써왔기 때문입니다. 소재 중 하나가 부적절해 보여서 그 부분을 다 들어내라고 했습니다. 그러자 글은 반 토막이 났습니다. 제한 글자 수인 1,000자는 고사하고, 500자도 간당간당할 정도로 빈약한 상태가 되었습니다.

게다가 세현이는 고3 수험생활을 하는 중이어서 소재를 덜어내고 다시 써오라고 해도 여유 있게 마음대로 글을 쓸 수가 없었습니다. 여러 번 다시 쓰라고 해도 돌아온 글을 여전히 허술하기만 했습니다. 아무래도 한 번에 많이 쓰지 못한 것이 가장 큰 문제였던 것 같습니다.

글쓰기가 편하지 않은 우리 학생들이 기껏 쓴 글을 수정하고, 또 줄여놓은 글을 다시 이것저것 보태서 늘린다는 것은 무척 어렵습니다. 무조건 자기소개서 글은 한 번에 쏟아낼 만큼 많이 써두도록 하세요. 그래야 다시 수정하더라도 그 소재로 이렇게 저렇게 달리 표현을 바꿔가며 쓸 여지가 많기 때문입니다. 한 번에 완성형의 문장이 아니어도 됩니다. 중요한 건 '넘치게' 쓰는 것이니까요.

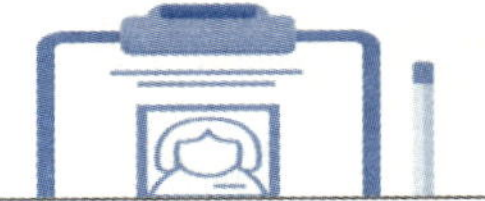

독서할 책을 신중히 고르자

"얘도 정의란 무엇인가, 쟤도 정의란 무언인가? 아, 나는 이제 더 '이상 정의란 무엇인가'가 궁금하지 않다!"

제가 강연을 하는 중에 독서에 대해 자주 올리던 말입니다. 자기소개서를 많이 보다 보면, 독서 활동에 대한 언급에서 어쩔 수 없이 최근 유행하는 책들이 등장하게 됩니다. 그런데 그 빈도가 생각보다 아주 잦습니다. 제가 그렇게 느낄 정도니 입학 담당자의 입장에서는 몇 배 더한 빈번함으로 다가올 것 같습니다. 너도나도 같은 책으로 독서활동을 기록하고 자기소개서에 담는 것이 적지 않을 테니 말입니다.

물론 좋은 책들을 기본으로 읽는 것은 결코 해가 되지 않습니다. 하지만 자기소개서에까지 비슷한 책이 범람하는 현상은 당연히 자기소개서를 평가하는 사람에게 피로를 느끼게 할 수밖에 없습니다. 책을 읽지 않아도 알 정도로 내용이 너무 뻔한 상태가 되니 말입니다.

게다가 이런 경우 자기소개서를 잘 쓴 사람과 그렇지 않은 사람 간의 비교가 좀 더 직관적으로 바로 될 수 있습니다. 같은 책을 보고 한 학생은 깊은 이해를 하고 발상도 특이한 반면에 자기는 그 학생에 미치지 못한 것처럼 보일 수 있겠죠. 이는 오히려 마이너스 요소로 작용할 수 있습니다. 그래서 차라리 누구나 쓸 법한 책을 자기소개서에 기재 하는 것은 피하는 것이 낫다고 할 수 있습니다.

독서 활동은 무척 중요합니다. 고등학교 과정에서 제대로 동아리 활동이 구현되지 않아 자신의 꿈과 적성을 보일 기회가 적을 수 있고, 소논문도 아무나 쓰는 것이 아닙니다. 상담을 하다 보면 자신이 할 수 있던 활동이 충분히 없었다는 아쉬움을 토로하는 학생들을 자주 보게 되곤 합니다.

이런 경우에 독서가 답일 수 있습니다. 독서 활동은 충분히 자신의 능력과 의사로 이뤄질 수 있는 활동이니 말입니다. 그리고 이런 독서 활동을 통해 좋은 결과를 낳기도 했습니다. 독서로 자신의 활동을 거의 다 채우고, 그로 인한 전공 적합성이 인정받아 좋은 입시 결과를 낳았던 한 학생은 지금까지도 자신의 입시 성공의 원인은 '독서'에 있었다는 말을 하곤 합니다. 자신이 판단해 보기에도 특별함은 그 이외에 없었다고 합니다.

이런 이유로 저는 '어떤 책을 선별해서 읽는가'가 자기 자신을 잘 설명하는 데 중요한 요소라 할 수 있습니다. 너무 흔하지 않으면서도 자신의 흥미를 드러낼 만한 책을 찾는 법을 정리해보도록 합시다.

우선 얼마 전 공개되었던 '서울대 입시 상위 독서 목록 빈도 20위'에서 언급되었던 책은 지우도록 합시다. 그리고 인터넷에 검색하면 쉽게 나타나는 '서울대 추천도서 목록'도 내려놓도록 합시다. 이미 너무 노출이 많이 되었고, 수준에 맞지 않기도 합니다. 또 문고 사이트에 들어가면 나타나는 '분야별 베스트셀러'도 피하도록 합시다. 피할 것들이 참 많아 보이네요. 이렇게 목록들을 지우고 나면 읽을 책이 없다고 느낄 수도 있습니다.

책을 선별할 때는 서점에 직접 가서 고르는 편을 추천합니다. 자신이 관심이 있는 분야로 가서 반드시 책들의 '목차'를 보고 직접 선택하는 것이 가장 좋습니다. 만약 이 과정이 시간과 여러 요건상 불가능한 상황이라고 한다면 인터넷을 효과적으로 이용하도록 합시다. 검색어에 단순히 책 제목만이 아닌, 사람 이름을 찾도록 권합니다.

즉, 자신이 관심 있는 분야에서 유력 인물을 찾아서 그 인물이 집필한 책이나 참고한 책을 찾는 방식으로 말이죠. 처음엔 이 과정이 어려워 보일 것입니다. 그런데 이렇게 '사람' 중심으로 책을 찾다 보면 그 분야의 학파나 학계의 흐름 등을 좀 더 잘 알아볼 수 있습니다.

아직 감이 오지 않는다면, 일단 내가 목표로 하는 분야의 권위자를 확인해봅시다. 그다음 그 인물을 검색하고 저서를 함께 찾아보라고 하고 싶군요. 그리고 '참고한 책'을 잘 보도록 해보죠. 그 안에 답이 있을 것입니다.

11

질문하고 답하라

"자, 그럼 대화를 시작해볼까? 네 꿈은 무엇이니?"

자신에 대해 제대로 생각해본 적이 없는 아이들에게 자신을 돌아보게 하는 것이 바로 자기소개서라고 앞에서 언급했었습니다. 그래서 사용했던 방법이 소재를 찾기도 하고, 점검을 위한 마인드맵을 그리기도 하는 등의 활동이었습니다. 그런데 막상 글을 쓰면서 가장 직접적인 도움을 얻는 방법은 바로 '질문'을 하는 것입니다. 질문해서 학생 스스로 자신을 돌아보도록 하는 것이 가장 큰 도움이 됩니다.

저는 이것을 문답을 통한 스토리텔링(Storytelling)이라고 합니다. 실제로 저는 학생들을 만나 인터뷰하면서 질문을 던지고 답을 하게 하는 방식으로 자기소개서를 구상하게 합니다. 그리고 학생들은 그 과정에서 스스로 '아, 맞아! 내가 그랬었지!'라는 깨달음을 얻는 듯합니다. 누구나 자기 자신을 정확히 아는 듯해도, 우리 모두 생각보다 자기 자신에 대해 잘 모릅니다. 그것을 일깨워 주는 것이 필자와 같은 사람들이 하는 일이라 보입니다. 그리고 이 과정은 생각보다 어렵지 않아서 누구라도 같은 방식으로 글쓰기를 시작해볼 수 있습니다. 집에서 아이와 부모님들이 함께 실천해 보시길 추천합니다.

질문할 것들을 정하는 것이 어렵다면, 지금부터 아래의 순서도를 참고 하여 일정한 논리과정을 정리해봅시다.

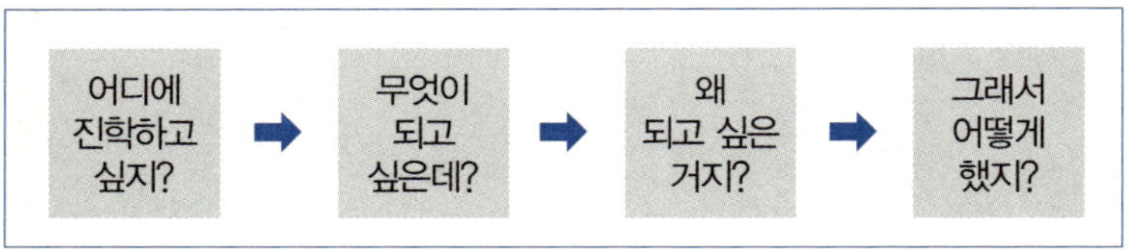

가장 큰 구조와 흐름은 이와 같습니다. 이 구조를 따라 학생들에게 질문 하는 것입니다. 물론, 질문에 대한 대답에 따라 추가되는 세부적인 질문과 이야기들은 달라질 수 있습니다.

예를 들어보죠. 다음은 민주와 한 대화를 간략하게 정리한 것입니다.

"어디에 진학하고 싶지?"

"영어교육과에 지원하고 싶습니다."

"무엇이 되고 싶은데?"

"중학교 영어 교사가 되고 싶습니다."

"왜 되고 싶은 거지?"

"영어 선생님을 통해서 영어에 재미를 붙여서요. 지금은 영어가 제일 좋거든요. 그래서 저도 그런 선생님이 되고 싶어졌습니다."

"그래서 어떻게 했지?"

"영어 시간에 영어 선생님 수업에 미리 예습해가면서 항상 발표하고 참여했어요. 그리고 다른 영어 단어 암기를 매일 100개씩 하며 실력을 쌓으려고 노력했습니다."

이 정도의 이야기가 나왔다면, 대강의 스토리가 정리가 되었습니다.

민주는 영어 선생님이 되고 싶어서 영어교육과에 들어가고 싶다고 합니다. 영어 선생님을 통해서 자신도 영어에 재미를 붙였고, 또 영어 선생님이 되고 싶다는 꿈을 갖게 되었습니다. 그래서 영어 예습은 꼭꼭 해갔고, 단어도 매일 100개씩 외우면서 꾸준히 실력을 쌓았습니다.

큰 얼개를 정리했으니, 이제 여기에 살을 붙이면 됩니다. 영어 공부법을 좀 더 자세히 풀어 쓴다든가, 아니면 영어 선생님과의 에피소드를 구체적으로 넣는 것이 도움이 될 것입니다. 글을 쓰면서 제일 먼저 하라는 것 중 하나가 큰 얼개를 잡고 그 후에 자세한 설명을 덧붙이라는 것이기 때문에, 일차 작업인 큰 얼개 잡기는 완료되었다고 보입니다. 생각보다 어렵지 않습니다.

글쓰기가 아직 난감한 친구들은 처음 시작을 어디서부터 해야 할지 모르기 때문인 경우가 많습니다. 질문의 시작을 ‘나’로부터가 아니라 지금 내가 지원하고자 하는 학교와 학과에서부터 역순으로 시작하면 오히려 글이 잘 풀릴 수 있습니다. 그 학교와 학과에 지원해서 자신이 되고 싶은 것부터 근원적인 물음을 하나씩 던지고 대답을 하다 보면, 자기 자신을 이해하는 것이 한결 수월할 것입니다.

물론, 부모님이 도와주시면 좀 더 쉬울 수 있습니다. 제삼자가 객관적인 눈으로 보면서 빠진 부분에 추임새만 넣어주어도 훨씬 그럴싸한 글이 나옵니다.

12

녹음하고 타이핑하라

"선생님, 대충 감은 오는데 어떻게 글을 시작할지 모르겠어요."

"그래서 이렇게 녹음했어. 가서 열심히 타이핑(Typing) 해봐."

　학생들과 자기소개서 관련 면담을 할 때, 자신이 작성하던 글을 가져오는 것을 보고 대화를 하는 경우도 있습니다. 그런데 가끔 학생과 자기소개서의 매치가 잘 안 되기도 합니다. 글에서는 아이를 다 표현하지 못했기 때문입니다. 아이는 정말 똘똘하고 말도 잘했습니다. 했던 활동도 정말 좋아서 매력적이기도 한데, 글에서는 매력을 느낄 수 없었습니다. 밋밋하고 뭘 말하는지 모르겠다고 보이거나 혹은 너무 추상적이라 특별하지도 않았습니다. 선입견이라 할 수도 있겠지만, 대체로는 남학생, 그것도 이과 남학생에게서 이런 면을 많이 보았습니다.

이건 아이들뿐만 아니라 글을 쓰는 사람들이 모두 갖는 공통점이기도 할 수 있을 것 같긴 합니다. 글은 말보다 어렵습니다. 즉, 말은 술술 나오지만, 글이 그렇지 못해서 자기의 생각이 잘 나타나지 않는 것입니다. 물론 누누이 말하지만, 단기간에 글솜씨를 늘릴 방법은 없습니다. 그건 시간과 노력, 그리고 연습이 없으면 안 됩니다. 하지만 좋아 보이게 만들 방법이 아예 없는 것은 아닙니다.

주로 저는 녹음을 활용하는 편입니다. 자신에 대해서 하고 싶은 말을 녹음기를 켜고 열심히 떠들어보라고 합니다. 그리고 그 내용을 들으면서 적는 것이죠. 희한하게 요즘 애들 말은 또 잘하는 경우가 많습니다.

얼마 전 만난 해수도 써온 글은 너무 뻔한 이야기들 일색이었는데, 이것저것 질문하며 이야기를 나누니 반짝반짝 빛이 났습니다. 녹음 파일을 전해주며, 이렇게 그대로 써보라고 했습니다. 정말 다시 써온 글은 아이처럼 싱그럽고 개성도 있는 형태로 달라져 있었습니다.

예를 들어서, 이런 경우를 들 수 있습니다.

저는 독서토론에서 2등 상을 수상했습니다. 인권문제에 관심이 많았는데 학교에서 인권 관련 책을 읽고 토론을 하는 대회가 개최되었습니다. 호기심이 생겨 마음이 맞는 친구들을 만나 설득하고 참여해서 좋은 결과를 받았습니다.

위와 같은 글을 써오는 친구들이 많이 있습니다. 이 친구가 말로 전한 내용은 그런데 다음과 같았습니다.

"독서토론에서 상을 받았거든요. 한 50명 나갔는데, 제가 거기서 2등 했어요. 원래 저는 인권문제 같은 것에 관심 많았는데, 마침 주제가 인권이더라고요. 책이 몇 권 있었는데 요새 여성인권 말 많잖아요. 그래서 그걸로 정했어요. 혼자 하기는 좀 그래서 친구들을 모았거든요. 제 친구 중에 변호사 되겠다는 애랑, 교사가 꿈인 애가 있는데 걔들하고 법하고 교육이랑 연결해서 같이 나갔어요. 잘 돼서 상 받게 됐죠."

굉장히 풍성하게 풀어서 할 수 있는 말도 처음부터 글로 예쁘게 만들려고 하다 보면 어렵기만 합니다. 차라리 생생하게 인터뷰처럼 녹음한 내용을 정리하는 것이 더 좋은 글을 쓰는 길입니다. 혼자 주저리 떠드는 것이 어렵다면, 부모님이나 친구들과 함께 녹음해보라고도 합니다. 그리고 자신이 녹음한 말을 들으면서 따라서 타이핑을 해보도록 합시다. 구체적인 사례가 살아있으면서도 학생다운 글이 나올 수 있습니다. 시간이 없다면, 더더욱 추천합니다.

13

일주일의 원칙을 지키자

주현이는 수능을 곧잘 하던 아이였습니다. 2학년보다 3학년에 올라와 더 성적이 오르기도 했고요. 상승세를 타고 있던 터라 공부에 재미를 붙여 가며 자신감도 많이 생겼었습니다. 그래서 이대로만 하면 수능에서도 좋은 결과가 있으리라 의심하지 않았던 차였습니다. 수시 원서 접수 기간이 다가오기 전까지는 말입니다.

여름 방학이 되어서 학교를 결정해야 하는 시기였습니다. 수시도 고려하고 있던 차였고, 마침 활동도 있었기 때문에 아이는 학생부종합전형을 선택했습니다. 그리고 자기소개서 작성에 들어갔습니다. 그런데 이게 화근(禍根)이 되었습니다. 아이는 공부는 저만치 밀어두고, 자기소개서에만 매달리기 시작했습니다. 대부분 시간을 자기소개서 작성에 쓸 정도였습니다. 물론 아이가 처음부터 그랬던 것은 아닙니다.

"주현아, 너무 자기소개서에만 시간 쓰지 말고. 수능 공부를 놓으면 절대 안 돼."

"네! 선생님."

그러나 철석같이 대답하던 아이는 컴퓨터 앞에 앉으면서 자기도 모르게 자꾸만 자기소개서 쓰기에 빠져들었습니다. '이것 조금만 더 고치면 될 것 같은데, 저것 조금만 더 고쳐야 할 거 같은데' 하는 식으로 조금씩 수정하다가 전체의 글이 흐트러져 다시 새로 쓰기를 몇 차례 하기에 이르렀습니다. 문제는 그렇게 가져온 글이 생각보다 썩 보기 좋지가 않았습니다.

오히려 처음 아니면, 그다음 글에 못 미칠 정도였습니다. 너무 한 글을 오래 보고 있다 보니, 이성적 시각이 마비된 것입니다. 객관적으로 보기보다는 그 안에 흠뻑 젖어들어 좋고 나쁨을 구별하지 못하던 것이죠.

"주현아, 글이 더 이상해졌어. 차라리 처음 것이 더 나아."

"그래요? 아……. 저도 잘 모르겠어요. 이제는 길을 잃은 것 같아요."

"차라리 잠시 쉬자. 놓고 있던 공부도 좀 하고! 그러고 나서 다시 보자. 일주일간 글 근처에 얼씬도 하지 마라!"

일주일간 공부를 하라고 글에서 뜯어 말려두었던 아이는 공부에도 돌아오기가 쉽지 않았습니다. 이미 마음이 콩밭에 가 있던 터였기 때문입니다. 그러나 꾸역꾸역 수능을 놓지 않도록 했고, 글을 수정하지 못하도록 했습니다. 그렇게 일주일이 지나 다시 자신의 글을 새로운 마음가짐으로 보게 했습니다. 그러자 아이 입에서 전과는 다른 말들이 나왔습니다.

"선생님, 제 글이 왜 이렇게 이상하죠? 제가 무슨 생각으로 이렇게 썼을까요?"

"그래서 너무 오래 같은 거 보고 있는 게 안 좋다고 한 거야."

"아, 다시 써야 할 것 같아요."

"그러지 말고, 예전에 네가 썼던 글과 마지막으로 쓴 글을 보고 재조합을 해보렴. 그게 더 나을 거야."

다시 쉬다 접한 글을 수정하면서 아이는 자신의 잘못을 알았습니다. 그리고 글도 훨씬 수월하게 고쳤고요. 그간 놓쳐버린 시간이 아깝긴 했지만, 어찌 되었든 완성이 되었습니다. 전보다는 훨씬 나은 모습으로 말입니다.

결국, 아이는 U 대학교에 합격해서 과학도의 길을 걷게 되었습니다. 이 과정에서 상승세였던 수능이 한풀 꺾였던 것은 조금 아쉬운 결과였습니다. '더 좋은 성과도 있을 수 있었는데' 하는 아쉬움이 남았습니다.

어쩌면 자기소개서의 위험함일 수도 있는데요. 자기소개서를 너무 오랜 기간 공들여 쓰다 보면 수험생활 전체의 흐름이 끊길 수도 있습니다. 게다가 만약 합격한다면 더할 나위 없이 좋겠지만, 그렇지 못하다면 정시 수능전형까지 가야만 하는데요. 수능의 맥을 놓친 아이들이 종종 실패를 경험하게 되기도 합니다. 너무 자기소개서에 모든 정성을 쏟는 것이 좋은 것은 아니겠죠. 적당한 시간 관리가 무조건 중요할 수밖에 없습니다.

저는 '일주일의 원칙'을 반드시 지키자고 합니다. 이는 두 가지로 나누어서 설명할 수 있습니다.

가장 좋은 방식은 미리 써두는 것입니다. 시간 여유를 갖고 써두면, 여러 차례 수정도 가능하고 완성도를 높일 수 있습니다. 그 과정에서 너무 자주 단시간에 열어 보는 것보다 약간의 시간적 여유를 두고 띄엄띄엄 다시 보기를 권합니다. 오늘 고쳐 쓴 글은 일주일 정도의 시간을 둔 후에 다시 보는 것이 좋습니다. 새로운 느낌이 들기도 하고, 전에 놓쳤던 것들도 보이기 때문입니다.

예를 들어서 보이지 않던 오타들이 보이는 것을 들 수 있습니다. 그래서 대체로 저는 주말에 한 시간을 비워두라고 합니다. 주로 토요일이나 일요일 등을 이용하라고 합니다. 공부하기에 조금 모호하기도 하고, 버리는 시간이 될 수 있는 시간으로 설정하라는 뜻에서 말입니다.

다른 하나는 정말 시간이 없이 급하게 쓰는 경우를 들 수 있습니다. 이런 경우 딱 일주일만 자기소개서 작성에 몰입하라고 합니다. 즉, '벼락치기'를 하라는 것입니다. 물론 권하고 싶은 방식은 아니지만, 차선책이 될 수도 있습니다.

앞에서 언급한 주현이는 자기소개서 작성에 한 달이 넘는 시간을 써서 낭비했습니다. 그래서 수능 성적도 전보다 조금 좋지 않기도 했고, 자기소개서 자체의 완성도도 한동안 좋지 않았습니다. 그 이유는 '너무 긴 시간'의 몰입이 주는 부작용과도 같습니다. 지식을 더하는 작업도 아니고, 실력을 향상하는 과정도 아닌데 굳이 너무 많은 시간을 투자해서 공부 시간을 갉아먹는 것은 좋지 않습니다.

차라리 마음먹고 공부 시간에서 일주일을 쓰도록 합시다. 단, 이 시간만큼은 확실히 완성까지 이르겠다는 목표의식이 있어야 합니다. 자꾸 늘어지는 방식은 어떠한 성과도 낳을 수 없습니다. 때로는 벼락치기를 통해 잠재되어 있던 능력이 발현되기도 합니다. 종종 자기소개서에서 나타나기도 하고요. 실제로 효과가 있을까요? 해보면 아실 것입니다.

14

급하면 사례부터 쓰자

시간이 무척 없는 상태에서 급하게 자기소개서를 작성해야 하는 학생들을 보면, 제대로 갈피를 잡지 못하고 우왕좌왕하는 경우가 많이 있습니다. 아무래도 자기 자신에 대해서 생각해볼 여유도 없이 상황에 밀려서 써야만 하게 된 탓에 준비가 덜 된 것만 같습니다.

지난 번 서강대학교 전형 중 일부가 수능 이후에 자기소개서를 제출하는 것이었는데, 여기에 지원했던 학생 중에서 유독 이런 경우를 많이 보았습니다. 수능 이후 부랴부랴 쓰는 통에 제대로 자신을 표현하지 못했던 것입니다.

자기소개서를 너무 장기간 쓰는 것을 추천하진 않지만, 그래도 어느 정도는 자기 자신에 대해 생각해 볼 수 있는 기간이 필요합니다. 그래야만 스스로 몰랐던 자신을 표현할 수 있을 뿐만 아니라 글도 다듬어질 수 있습니다. 물론 시간과 노력에 비례해서 자기소개서의 질이 달라질 수밖에 없는 것은 당연합니다.

저는 시간이 부족할 때, 시간 대비 정교하면서도 좀 더 생동감 있게 글을 쓰게 하기 위해서 기존과는 다른 방법을 제시하곤 합니다. 일반적인 방법으로 앞서 언급했던 것처럼 꿈이나 이상, 혹은 미래에 대한 계획부터 쓰는 것이 아니라 그 반대로 말입니다.

일단 세부적인 요소부터 써보라고 합니다. 즉, 사례를 먼저 좀 자세하게 기술하는 것이지요. 자신이 가진 사례 중에 내세울만하다고 생각하거나 자신을 잘 드러낸다고 생각되는 사례가 있다면 2개~3개 정도의 에피소드를 써보도록 합시다.

물론 단순한 나열식은 곤란합니다. 어떤 일이었고, 그 일을 한 이유나 전개 과정 등을 자세히 쓰는 것은 기본입니다. 게다가 요즘 대입 공통 문항 같은 경우는 대부분 '경험 중심'의 기술이 필요합니다. 사례를 중점적으로 기술하는 것이 필수일 수밖에 없습니다. 그리고 그 안에서 자기가 느낀 점을 다음에 없는 방식으로 써보는 것이지요.

예를 들어보겠습니다. 가장 어려워하는 공통문항 1번에서의 '학습 경험'을 쓴다고 해보죠. 보통 학습에 대해서 자신이 잘하는 것을 쓰려고 하거나 부각하고 싶은 점을 들기 마련입니다. 그런데 그러다 보면, 추상적인 글이 될 수밖에 없습니다. 그렇게 한참을 쓰다 보면, 대체 자기가 무엇을 말하고 싶어 했는지조차 가물거립니다.

그래서 먼저 학업의 사례 두 가지를 골라 써보도록 합니다.

수학이 부족하다고 느꼈다. 그래서 학교에서 멘토-멘티 프로그램을 통해서 친구에게 가르쳐주면서 스스로 공부하는 법을 익히게 되었다.

과학은 개념부터 다지는 것이 필요하다고 생각했다. 그래서 개념 노트를 만들어서 정리를 스스로 하고. 3번씩 다른 색 펜으로 줄을 치며 읽으려고 했다.

이 두 가지 사례를 자세히 기술해보도록 합시다. 그리고 느낀 점과 꿈과 포부와 연결해야 합니다. 앞뒤로 '이과를 지망하며, 반드시 갖춰야 하는 능력이 수리적 사고와 과학적 사고라고 생각했다'라든가 '무엇보다 개념을 제대로 익히는 것이 학업의 기본이라는 생각을 했다' 등의 메시지를 넣어 엮으면 됩니다. 그러면 단시간에도 생각보다 더 좋은 글이 빨리 나올 수 있습니다.

전체적인 윤곽을 그려놓고 시작하는 것이 가장 좋긴 하지만, 미처 생각해본 적이 없다면 몇 가지 사례를 써보고, 그사이의 연결고리를 찾아보는 것도 방법입니다. 설명 상으로 어려워 보일 수 있으나 막상 한번 써보면 생각보다 술술 써 내려 갈 수 있을 것입니다.

15

잘 된 글을 따라 써보자

자기소개서를 위해서 성적도 중요하고 활동도 물론 매우 중요합니다. 따라서 미리미리 하는 준비가 일단은 최우선이겠죠. 그러나 학생들이 체감하는 가장 큰 어려움은 정작 '글쓰기'에 있습니다.

"자기소개서 쓰면서 무엇이 가장 힘들었니?"

"글을 써본 적이 없는데 갑자기 써보려니 너무 어렵더라고요. 어떻게 해야 할지 모르는데 갑자기 제 이야기를 쓰려니 아무것도 못 하겠더라고요. 미리 글쓰기를 배워뒀으면 좋았을 텐데요……."

수시 기간에 대단히 많은 노력을 기울였지만, 좋은 결과를 얻지 못했던 성진이와의 인터뷰 과정에 나눈 대화입니다.

성진이는 정시로 명문대에 가긴 했습니다. 내신도 좋고, 활동도 적절했지만, '글쓰기의 벽'을 넘지는 못했습니다. 성진이에게 있어서 가장 큰 어려움은 바로 글을 쓰는 그 자체였습니다. 글쓰기를 체계적으로 배워본 적이 없던 상태에서 주어진 시간 안에 자기소개서를 완성해야 하는 스트레스가 가장 컸다고 합니다.

특목고 입시를 치렀던 경험이 있었는데도 불구하고, 이때의 경험이 대입으로 이어지지는 못했던 듯합니다. 그리고 3년 가까이 문제풀이 중심의 학습만 하면서 글 쓰는 법 자체를 잊은 것도 문제였습니다. 결국, 성진이는 글을 쓰며 한 달 가까운 시간을 허비했고, 이후 잠시 주춤해진 성적을 다시 끌어올리는데, 안간힘을 써야만 했습니다. 그 한 달 동안 좋은 글이 되기까지 무수히 많은 퇴고 과정을 거치느라 진을 빼기도 했고 말입니다.

성진이와 같이 글쓰기의 어려움을 말하는 학생들을 만나는 것은 어려운 일이 아닙니다. 온갖 글쓰기 방법에 관한 책과 강의가 있어도, 어찌 되었든 자신의 것이 아니다 보니 정작 글을 완성해내는 것은 어렵나 봅니다. 공부에 큰 방해가 되지 않으면서도 좋은 글이 나오기 위해서 좀 더 단순하고 직접적인 방법이 필요합니다.

그래서 저는 일단 '따라 쓰기' 전략을 취해보라고 합니다. 처음 글쓰기라는 것을 배울 때, 자주 권하는 방법의 하나는 좋은 글을 읽어보고 모방하기입니다. '모방은 창조의 어머니'라는 말이 있듯이 자신의 색깔이 묻어나는 좋은 글을 만들기 위해서는 먼저 '잘된 글'이 내 안에 좀 많이 녹아 있어야 합니다. 그러기 위해서 일단 많이 읽으라고 합니다. 어디선가 들어본 말이겠지만, 글을 쓰려면 독서력이 뒷받침되어야 하는 것은 당연한 이야기니 말입니다.

그러나 앞에서도 언급했던 것처럼 수험생에게 시간은 그리 많지 않음을 알아야 합니다. 아이들은 수능 전, 수시 전형 기간 전에 무조건 글쓰기를 마쳐야만 합니다. 그래서 짧은 시간에 글 쓰는 능력을 키우기 위해 좋은 글을 따라 써보라는 것을 추천합니다. 그냥 눈으로 보는 것은 생각보다 머리에 남아있는 시간이 길지 않습니다. '글이 참 좋았다'는 느낌만 기억날 뿐, 그 좋았던 점들이 자신의 글쓰기에 반영되어 나타나지 않습니다.

반면에 글을 따라서 써보면 훨씬 쉽게 익혀집니다. 시간이 많지 않은 우리 아이들이 자기소개서를 잘 작성하기 위한 준비 과정으로 더할 나위 없이 좋은 방법 중 하나가 아닐까 싶습니다. 물론 따라 쓰기를 하면서 그 내용을 자신의 자기소개서에 베껴서 작성하면 큰일입니다. 표절검색 시스템에 걸려서 면접의 기회조차 박탈당할 수 있으니까요.

성진이도 자기 스스로 글을 쓰는 능력이 부족함을 알고, 고생 끝에 결국 막판에는 좋은 자기소개서를 따라 쓰며 글쓰기를 익혔습니다. 그제야 자기소개서 완성도 가능했습니다. 처음부터 글쓰기 연습을 했더라면 좀 더 쉽게 해낼 수 있었을 것이란 생각에 아쉬워했던 기억입니다.

어찌됐든 부족한 시간에도 자기소개서 완성을 할 수 있었던 힘은 누군가의 글을 따라 쓰며 감을 익히고, 글쓰기를 배웠기 때문이라 생각합니다. 시간이 충분히 많다면 지금부터 틈틈이 잘된 자기소개서를 따라 써보라고 권하고 싶습니다. 이 방법도 급하게 쓰는 것보다 훨씬 더 높은 수준에 도달할 수 있으니까요. 천천히 제대로 글쓰기를 익혀보라고 말이죠. 그래야 급하게 닥쳐서 쓰는 완성도 낮은 자기소개서를 벗어날 수 있을 것입니다.

Part 3

수시합격하는 자기소개서를 위한 글쓰기 방법 15가지

상위 1%, 자기소개서를 위한 글쓰기 시작 방법 15가지

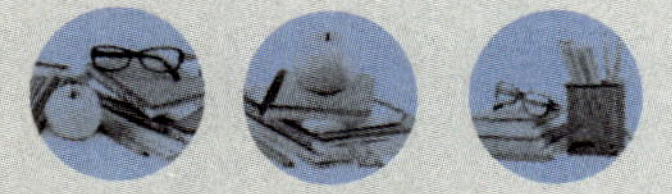

표현은 호들갑스럽게 하라

"오글거려서 못 하겠어요."

기껏 어떻게 작성을 하라는 설명을 잔뜩 듣고 집에 가서는 거의 텅텅 빈 종이를 들고 온 한 학생의 변명이었습니다. 이해가 되긴 합니다. 그동안 우리는 겸손과 겸양을 미덕으로 알고 자라왔으니 말입니다. 누구 앞에서 나서서 '나는 이렇게 잘났소'라는 메시지를 전하는 것이 여간 어려운 일이 아닐 수 없습니다.

'오글거린다'는 말을 하며 터덜터덜 돌아온 아이도 비슷한 상황이었습니다. 아이는 평범한 대한민국의 교육을 받은 일반적인 남학생인 자신의 상태로는 아무렇지도 않게 '잘난 척'하는 글을 쓰는 것이 불편하기만 했습니다.

“누가 너 잘났다고 쓰래? 잘난 체하라는 건 아니야.”

“그럼 어떻게 써요? 제 자랑을 해야 마음에 든다고 뽑힐 것 아닌가요?”

“야, 입장을 바꿔봐. 잘난 체하는 학생이면 너는 뽑고 싶겠니?”

“아니요.”

“잘난 체하라는 것이 아니라, 별거 아니라고 생각하는 걸 좀 별거라고 생각하고 쓰라는 거야.”

이 말을 들은 아이는 더 혼란스러워 하는 듯했습니다. 별거 아닌 일을 어떻게 별거로 쓰라는 것인지 도통 감을 잡지 못했습니다. 역시 이 부분은 저도 전달하기가 쉽지 않습니다. 굳이 좀 더 편한 표현을 쓰자면, 약간 ‘호들갑을 떨자’로 표현할 수 있는데 말이죠.

현성이의 예를 들어보겠습니다. 현성이는 진로희망이 자주 바뀌긴 했었지만, 꾸준하게 해왔던 활동이 꽤 많았습니다. 동아리에서 만들었던 교지도 있었고, 실험 보고서도 썼고, 임원도 하는 등 많은 활동을 했었습니다.

그런데 현성이는 정말 털털한 성격이었습니다. 꼼꼼하게 이것저것 잘 챙기고 그걸 글로 옮기는 것이랑은 거리가 멀었습니다. 그래서인지 아이의 글도 거칠기 그지없었습니다. 특히 자신의 여러 활동을 언급하는 것이 무척 단순했습니다. 또 글자 수를 채우는 것을 힘들어했습니다. 쓸 이야기가 없다는 이유에서 말입니다.

동아리를 하며 과학실험을 하고 보고를 했습니다. 실험은 스티로폼에서 나오는 유해물질이 미치는 환경오염이었습니다. 이 실험을 통해 과학을 탐구하는 정신을 고취할 수 있었습니다. 그리고 이 보고서로 과학탐구상을 수상했습니다.

아이는 사실을 '있는 그대'로 썼습니다. 틀리진 않았습니다. 하지만 조금 부족하다는 생각을 지울 수가 없습니다. 왜냐하면 전혀 설명적이거나 대단하다거나 뭔가 해냈다는 뉘앙스를 느낄 수가 없었기 때문입니다. 그런 뉘앙스를 주려면, 자기 스스로 강력하게 일관적인 메시지를 보내는 연습을 해야 합니다. '나 이거 좀 잘했지?'와 같은 종류로 말입니다.

본인 스스로가 그렇게 대단치 않게 생각하는데, 타인의 눈에 좋아 보이기란 훨씬 더 어렵습니다. 학생부종합전형이 '흙 속의 진주'를 찾으려는 과정이 아니라 '자신이 진주'임을 잘 드러낸 인재상에 부합된 애들을 뽑으려는 것에 좀 더 가깝다고 생각해봅시다. 그러면 어떻게든 하나라도 더 드러내려고 해야만 한다는 것이 와 닿을 것입니다.

학생부종합전형은 자기 자신을 잘 표현하는 아이들을 위한 전형이라는 생각이 듭니다. 그 태생 자체가 입학사정관제에서 시작된 것이기도 하고, 또 입학사정관제는 미국에서 들어온 전형이고 말입니다. 가끔 미국 대학으로 나가는 아이들의 자기소개서나 추천서를 보면, 확실히 얼마나 자기 자신을 표현했느냐가 중요했다는 생각이 듭니다.

설사 진짜 대단한 일이 아니라고 할지라도 자기 자신이 그 일에 대한 의미를 부여하고 대단하다고 생각하는 그 순간 더 멋있어 보이는 것을 수차례 경험했습니다. 따라서 호들갑을 떨며 자기 자신의 일이 정말로 대단했다는 생각을 바탕으로 완성을 해보도록 합시다.

생명과학을 하고 싶던 저는 과학실험 동아리에 가입해서 활동했습니다. 그 중에서도 저는 화학물질이 미치는 환경오염에 관심을 두고, 이를 주제로 실험했습니다. 과학은 사람의 삶에 도움을 주는 역할을 해야 하는데, 오히려 환경을 파괴하는 주범인 경우를 보며 저는 과학으로 더 나은 삶을 만드는 일을 해야겠다고 생각했습니다. 그래서 환경을 연구해야겠다고 마음을 먹었습니다.

특히 스티로폼에서 방출되는 유해물질과 그 물질의 영향을 알아보는 실험이 가장 기억에 남습니다. 일상생활에서 널리 사용되는 물질이지만, 그 중 스타렌은 발암물질로 구분되고 있으며 국제적으로는 사용이 규제되고 있습니다. 실제로 실험을 통해 대조군인 증류수만 넣은 곳의 식물과 달리 스티로폼의 식물의 시드는 속도가 더 빨랐다는 것을 알 수 있었습니다. 이로써 스티로폼의 유해성을 한 번 더 알리면서 동시에 과학탐구대회에서 수상하는 성과도 거둘 수 있었습니다.

이처럼 같은 이야기를 하더라도 더 많이 설명하고, 더 많이 묘사를 하려면 그 일에 대한 '의미부여'에 신경을 써야만 합니다. 내가 하는 일의 의미에서 현성이는 보다 나은 삶에 대한 욕구가 있었던 것이겠죠. 의미가 있다는 생각을 해야 글을 쓰면서 더 할 말도 생기고, 표현도 늘게 됩니다. 지금부터 자신의 마음을 더욱 다잡아 보길 바랍니다. 주문처럼 되뇌이면 정말 멋진 일이 생깁니다.

학습경험에 지원동기를 담아라

"입장을 바꿔봐. 너라면 이 글의 주인공을 선발할 것 같은지!"

자기소개서를 왜 쓸까요? 분명 자기소개서를 통해 알고 싶은 그 '무엇'이 있을 것입니다. 그 궁금한 것을 무엇인지 생각해서 글을 쓰는 것은 기본 중의 기본입니다. 한번 생각해보죠. 만약 여러분이 입학 담당자라면 어떤 것을 묻겠습니까? 만약에 저라면 입학 후 자세라든가 공부를 하는 자세라든가 진로진학에 대한 성실성 등을 궁금해할 것 같습니다.

이렇게 보면 입학 담당자들은 학교에 입학한 이후의 학생의 모습을 예측하고자 하는 마음이 있을 것이라는 생각이 듭니다. 그래서 흔히 자기소개서는 그 사람의 미래를 궁금해한다고도 합니다. '지금까지'를 묻는 것도 결국에는 들어와서 '앞으로는 어떨까'를 알고 싶어서라고 할 수 있습니다.

그런데 종종 학생들이 이런 의도를 잊고서 자신이 하고 싶은 말만 하는 경우가 있습니다. 가령 앞으로의 발전적인 포부나 비전보다는 과거의 경험에 묻힌 것들에 집착해 기술하는 경우입니다. 입시에서 성공적인 글쓰기를 하려면, 그 이후를 좀 더 고려해야만 합니다.

저는 그래서 입장을 바꿔보라고 합니다. 과연 입학 담당관은 학생을 뽑을 때, '어떤 것을 중요시할까? 어떤 정보를 궁금해할까?' 그게 글을 쓰는 순서입니다.

얼마 전 만난 현우도 이런 점을 간과한 것을 알 수 있었습니다. 대입 자기소개서 공통 문항 1번은 '고등학교 재학기간 중 학업에 기울인 노력과 학습 경험에 대해서 배우고 느낀 점'을 기술하는 것입니다. 여기서 현우는 정말 학업에 관한 이야기만 성실히 썼습니다.

저는 국어 시간엔 새로운 글을 읽을 수 있다는 것이 좋았습니다. 교과서와 문제집에서도 새로운 문법을 익힐 수 있다는 것이 즐거웠습니다. 고전 산문 같은 경우는 모르는 단어가 많았습니다. 그래서 단어장을 만들어서 모르는 단어를 정리하고 어휘력을 늘렸습니다. 그러자 점점 글이 잘 읽혔습니다. 공부 시간이 즐거우니 성적도 자연스럽게 상승했고, 수업 시간에 집중하는 것이 공부를 잘할 수 있는 비결이라는 것을 알았습니다.

현우가 공부를 잘하는 학생이라는 것은 알겠습니다. 그런데 무언가 매력이 떨어집니다. 특히 심사를 하는 사람 입장에서 보면 더욱 그럴 수밖에 없습니다. 생각해보죠. '왜?' 자기소개서를 원할까요?

현우는 국문학과를 지원하는 학생입니다. 그렇다면 차라리 국어에 대한 흥미와 지원동기를 같이 학습에 녹여내는 것이 훨씬 좋은 글이 될 것입니다. 그렇게 하도록 저는 현우에게 국어 과목에 대한 관심과 학습을 연결해서 쓰라고 권했습니다.

다시 말하여 학습 경험과 노력을 쓰라 했다고 해서 단순하게 '학습 경험과 노력'만 기술하면 재미가 있을 수 없습니다. 더욱이 그게 자신의 자랑처럼 쓰이면 더 그렇습니다. 진학과 꿈에 대한 의도를 갖고 공부를 했고, 그게 구체적인 경험으로 잘 쓰인 글로 바꾸려면 읽는 사람의 입장으로 생각해보고 그에 맞춰 다시 써봅시다.

다시 현우의 사례로 돌아가서 국문학과를 왜 지원하고 싶은가를 생각해봅시다. 국어학자가 되려는 것인지, 작가가 되려는 것인지 아니면 국어 선생님이 되려는지 등의 이유가 있을 것입니다. 그 이유에 맞춰 국어 공부를 재미있게 하게 되었다는 글이 언급되면 좋을 듯합니다. 그리고 공부한 경험을 이래저래 나열하는 것보다는 하나의 목적성에 맞춰서 연결되는 것이 좋습니다.

현우의 사례 같은 경우는 고전 국어에 대한 관심으로 단어를 익히고, 고전 문법을 익혔다는 것이 하나로 묶여서 나오면 더 매끄러운 글이 될 것입니다. 즉, 나열하는 식보다는 자연스러운 연결이 훨씬 읽기 좋습니다.

그 외에도 학습 경험과 노력은 종종 자신의 자랑으로 시작해서 끝나기도 하는 글이 있습니다. 이건 매우 위험합니다. 공부를 잘했는지는 생활기록부에 다 나와 있습니다. 그것보다 차라리 의미를 찾는 데 주력합시다. 의미 있는 글은 읽는 사람의 공감을 불러일으키고, 또 감동을 줄 수 있기 때문입니다.

03

일대기를 쓰지 말라

어려서부터 곤충학자의 꿈을 키워왔던 저는 곤충을 키우며 관찰하는 것을 즐겼습니다. 특히 초등학교 때는 곤충 일지를 매일 작성하며 곤충의 생태를 잘 이해할 수 있었습니다. 중학교에서도 생물동아리에 가입해서 생물에 관한 관심을 이어왔고, 고등학교에서는 생물부 동아리장이 되어 곤충 연구 보고서 작성을 계획해서 실행하기도 했습니다.

자기소개서를 많이 읽다 보면, '읽기 싫은 자기소개서'와 '읽고 싶은 자기소개서'로 나뉘는 것을 직접 경험하곤 합니다. 그중 읽기 싫은 몇 가지 유형에서도 손꼽을 수 있는 것이 바로 앞의 글처럼 '일대기'를 담은 글입니다. 어려서부터 고교에 이르기까지의 자신의 성장에 대해 이야기를 하고자 하는 것은 이해합니다. 실제로 외국 대학에 지원하는 경우, 어려서의 기록부터 인상적이게 담는 것이 더 좋은 평을 듣는 경우도 있습니다.

그런데 한국은 조금 다릅니다. 아무래도 정해진 질문이 틀이 있기 때문인 것 같습니다. 게다가 사교육을 유발하는 모든 요소를 제거하려다 보니, 한계를 두게 된 것도 같습니다. 그리고 자기소개서 작성을 요구하는 질문을 보아도 쉽사리 알 수 있습니다. '고교 재학 기간 중'이라는 조건이 명시되어 있기도 합니다.

그런데도 저렇게 자신의 일대기를 담아올까요? 놀랍게도 적지 않은 수의 친구들이 일대기를 담아옵니다. 의도적이라기보다는 하고 싶은 이야기가 너무 많다고나 할까요? 할 말은 많은데 무엇을 선별해서 할지 몰라 그런 실수를 하게 됩니다. 또 왠지 아깝기도 합니다. '나는 이렇게 준비가 많이 된 사람인데'를 드러내고 싶은 거겠죠. 물론 이와 반대의 경우도 있습니다.

"저 영재원 출신이에요. 그리고 중학교 때 구(區)에서 주는 표창도 받았었는데요. 이거 쓰고 싶은데 방법이 없을까요?"

"대단한 건 알겠는데, 고교 때는 그럼 뭐 없니?"

"그게……. 내세울 만한 게 별로 없어요."

"그럼 우리 입장을 바꿔서 입학 담당자의 눈으로 한번 보자. 만약 고교 기록은 별것 없는데, 초등학교와 중학교 때는 더 대단했다고 치자. 그렇다면 발전적인 사람으로 보이니?"

"아니요……."

"그럼 너라면 발전하는 사람을 선발하고 싶겠니? 아니면 그렇지 않은 사람을 뽑겠니?"

"발전하는 사람이요."

"그래서 쓰지 않는 게 낫다는 거란다."

실제 상담 중 있던 대화입니다. 한 학생이 학생부종합전형을 준비하지 않다가 합격률에 관한 이야기를 듣고 와서 지원해보고 싶다는 이야기를 꺼냈습니다. 당연히 학생부종합전형을 준비하던 아이가 아니라 내세울 만한 비교과 활동이나 진로에 적합한 소재가 많지 않았습니다. 그래서 아이는 어려서부터의 기록을 하나씩 꺼내기 시작했습니다. 처음에는 그거라도 써볼까 고심하던 아이에게 조언을 해주었고, 상대적으로 쓸 게 없는 고교 활동이 더 주목받을 수 있다는 생각을 하게 되었습니다. 그리고 고교 활동 중에서 최대한 찾아보기로 했습니다.

읽는 사람을 생각한다면, 그리고 질문을 잘 생각해본다면 무조건 고교 3년 기간을 넘지 않는 범위에서 쓸거리를 찾아야만 합니다. 분명 고교 재학 기간 중의 이야기를 물었으니까요. 이건 사람들 간의 대화에서도 있을 수 있는 소통의 부재와 같은 느낌을 줄 수 있습니다.

"고등학교 때 열심히 한 활동이 뭐가 있어요?"

"아, 제가 중학교 때 반장이었죠."

이런 느낌이라고 하면 좀 이해가 쉬울 것 같습니다. 비단 이건 대학 입시에만 해당하는 이야기는 아닙니다. 고교 입시에서도 반드시 그전 학령기의 활동에서만 글을 쓰도록 해야 합니다. 그렇지 않으면 사례에서 언급한 것처럼 '동문서답(東問西答)'과도 같으니까요.

물론 어려서의 기록을 현재의 경험과 자연스럽게 엮으면 언급할 수 없는 것은 아닙니다. 앞의 곤충학자를 꿈꾸는 학생의 경우도 그렇습니다. 시간순으로 배열해서 어려서부터 자라나는 과정을 담으니 자칫 지루하고 질문에 답을 하지 않는 느낌을 줍니다.

조금 순서를 바꾸고 논리구조를 바꾸어 보겠습니다.

생물부 동아리장으로서 곤충 연구 보고서를 계획부서 실행까지 완수했습니다. 어려서부터 곤충을 좋아하고 키우며 그 생태를 관찰하기를 좋아하던 저는 오랜 기간 관찰일지를 기록하던 습관이 있었습니다. 그래서 그간의 경험을 살려 좀 더 전문성을 갖춘 보고서 형태로 만들고 싶었습니다.

똑같은 소재에 비슷한 내용을 담았기에 전달하는 바가 크게 달라지지는 않았지만, 받아들이는 사람이 볼 때는 다를 수 있습니다. 그 이유는 순서와 논리 구조가 다르기 때문입니다. 즉, 서사적으로 나열하는 방식은 좋지 않다는 것은 모두 아셨으리라 생각합니다.

만약 지금의 자신의 모습에 정말 과거의 경험들이 미친 영향이 크다면 언급할 수는 있습니다. 굳이 있던 사실을 지울 필요까지는 없습니다. 다만 초점이 어디에 놓이는지가 중요합니다. 하나씩 모두 펼치는 방식보다는 '지금'의 상태를 위주로 해보죠. 그리고 과거의 영향력이 있었다는 정도가 좋을 것입니다. 아주 살짝 지나가는 정도로만 말입니다.

04

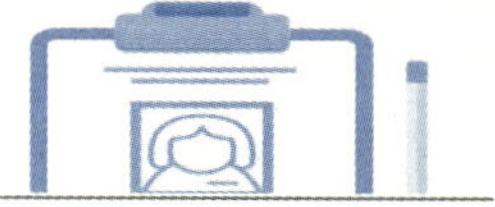

학교와 학과에 대한 이해를 담아라

요새는 정보를 많이 접하고 자료들도 많아서 이전보다 자기소개서의 전반적인 수준이 많이 향상되었다고 보입니다. 몇 해 전의 합격 사례와 지금 합격생들의 글은 질적으로 차이가 느껴지기도 합니다. 그 덕분에 자기소개서를 잘 작성하지 못했을 경우, 그 부족함이 더 눈에 띌 수 있는 상황입니다. 학생들에게 자기소개서에 너무 매달리지 말라는 말을 하면서도 한편으로는 다른 아이들의 글을 고려해서 어느 정도의 결과물을 내야 한다는 생각이 슬며시 들기도 할 정도로 말입니다.

그런데 드라마틱(dramatic)한 결과물을 만든다는 것이 자칫 막연해 보입니다. 어떻게 해야 직접적이고 성과가 드러나는 글이 될 수 있을까요? 설령 글쓰기 능력이 조금 부족하더라도 저는 그 해결책은 '노력'과 '성실성'에 있다고 생각합니다. 그리고 그 점을 가장 드러내기 좋은 부분이 바로 학교와 학과에 대한 이해를 적극적으로 드러내는 것이고 말입니다.

글쓰기에 앞서 무엇보다 학교와 학과의 홈페이지에 잦은 접속을 하는 것은 기본입니다. 그래야 학교에서 추구하는 인재상이나 학풍 등을 알 수 있습니다. 또 학교 안내 책자를 들춰보는 것도 좋습니다. 아마 당연한 이야기처럼 생각하는 분들도 있을 거라 생각이 듭니다. 그러나 문제는 정보를 단순히 아는 것 이상의 것을 담는 노력입니다.

예를 들어서 학교에서 바라는 인재상이나 교육 이념이 특별한 명사 형태, 즉 '정의'나 '창조' 등의 용어면 그냥 이 단어를 써서 활용하는 수준을 벗어나지 못하는 경우가 대다수입니다.

언급하는 이유야 당연히 이해하고 있다는 표현이 될 수 있습니다. 그런데 단순히 인용하는 것만으로는 전달력이 약합니다. 직접 쓰지 않더라도 그런 단어를 선정해놓은 이유에 대해서 생각해보기를 바랍니다. 그래서 그런 면을 어떻게 자신이 입학 후 살릴 수 있을지를 글로 풀어야 합니다.

'인성과 지성을 겸비한 글로벌 인재'라는 인재상이 있고, 이것과 연계한 지원동기를 작성해야 한다고 가정해봅시다. 그러면 여기에 지원동기와 상통하는 부분을 찾아야만 합니다. 만약 꿈이 의사라면 의술과 인성, 그리고 지성이 연결된 글을 써야만 합니다.

저는 의사가 되고 싶습니다. 아주대 병원의 이국종 교수님의 사람을 살리

는 의술을 보며, 저도 의사가 되어 다른 사람들을 도울 수 있는 사람이 되

어야겠다는 생각을 갖게 되었습니다. (중략) 인성과 지성을 겸비할 수 있는

교육환경인 OO 학교에 입학하면, 제 꿈을 이루며 사람들을 돕는 의사가

될 수 있다고 생각합니다.

완벽한 문장은 아니지만, 위처럼 연결된 글을 만들 수 있다는 예를 들고 싶었습니다. 단순히 학교의 상징이나 이념 등을 나열하는 데 그치지 말고, 좀 더 큰 그림을 생각해보도록 합시다. '왜 그런 이념을 갖게 되었고, 또 그것이 자신의 진로와 어떤 영향을 줄 것인가?' 이 모든 것을 함께 복합적으로 고민해야만 좋은 글이 나올 수 있습니다.

또한, 학교의 관련 자료들을 열심히 보면서 접점(接點)을 고민해보기 바랍니다. 총체적이고 분석적인 눈을 갖는 것이 합격에 가까워지는 길 중 하나라는 사실을 잊지 맙시다.

05

중요한 것부터 먼저 쓰자

중학교에 입학한 후, 달라진 공부 내용과 환경에 적응하는 게 쉽지 않았습니다. 내용이 많아지고 심화한 부분이 많아져서 좀처럼 감이 안 왔습니다. 그래서 1학년 초기에 많이 헤맸습니다. 1학기 성적은 계속 떨어졌고, 공부에 자신감이 없어졌고, 재미도 없어졌습니다. 그렇게 막연한 고민만 하며 시간을 낭비하게 되었습니다. 그러던 어느 날 공부의 방법을 바꿔보지 않겠느냐는 조언을 들었습니다. 그래서 단순한 방법으로 공부하기로 해보았습니다.

앞 장에서 한번 등장했던 주현이의 자기소개서 일부입니다. 주현이는 자기소개서 쓰기에 긴 시간을 투자했습니다. 다행스럽게도 좋은 결과를 얻었지만, 그 과정은 정말 길고 지루하기만 했습니다. 그중에서도 가장 큰 문제점은 글이 늘어진다는 것입니다. 이런 글은 하고자 하는 말을 자꾸만 뒤로 미루는 방식의 글쓰기로 인해 글을 읽는 사람들의 흥미를 순식간에 잃게 합니다.

주현이도 긴 시간 동안 수차례의 퇴고(推敲)를 하면서 점점 질려갔던 가장 큰 이유는 바로 이 '지루함'이었습니다.

"주현아, 정말 읽기가 힘들다."

"너무 별로인가요?"

"아니, 내용이 문제가 아니라 글이 너무 지루해."

"아, 그럼 어떻게 하죠?"

"영어식으로 표현해보자."

"네?"

"두괄식으로 써보자고. 하고 싶은 말을 먼저 하고 나서 이유를 다는 방식으로 써보자"

그제야 주현이는 문제가 무엇인지 깨달았습니다. 그래서 글을 재차 고쳤습니다. 맨 뒤에 있던 내용을 맨 앞으로 옮기고, 하고 싶었던 말을 먼저 한 후에 뒤를 채우는 형태로 말이죠. 그렇게 바뀌어 온 글은 전보다 훨씬 읽기 수월했습니다.

단순한 공부방법이 해답이라는 배움을 얻었습니다. 중학교에 입학 후 공부에 많은 어려움을 겪으며 깨달은 생각입니다. 달라진 공부 내용과 환경에 적응하기가 좀처럼 쉽지 않았습니다. 내용이 많아지고 심화한 부분이 많아졌기 때문입니다. 그래서 1학년 초기에 많이 헤매며 성적이 떨어졌습니다. 공부에 자신감이 없어지고 재미도 없었습니다.

맨 앞에 중요한 문장을 쓰는 것은 읽는 나를 각인시키는 효과적인 방법이자 상대방을 배려하는 길이기도 합니다. 저도 자기소개서를 아주 단시간에 많이 보는 경우, 무척 지치곤 합니다. 그건 비단 저만의 경험은 아닙니다. 어느 위치든 누군가를 선발하며 자기소개서를 보는 위치에선 비슷비슷한 수많은 글을 본다는 것이 자칫 곤욕이 될 수 있습니다. 그런 의미에서도 두괄식으로 쓰는 것은 꼭 필요한 조치입니다.

이건 비단 문단 안에서만 존재하는 것은 아닙니다. 전체 맥락상에서도 중요한 것을 되도록 맨 앞에 두도록 하는 것은 전략적으로도 의미가 있습니다. 그래서 저는 '글의 순서'에 신경을 쓰라고 하곤 합니다. 그리고 아이들에게 자주 하는 질문 중 하나가 다음과 같습니다.

"네 생각에는 이 활동이 제일 중요한 것이니?"

대입 자기소개서의 공통 문항 2번은 '고교재학 기간 중 의미를 두고 노력했던 교내활동을 통해서 배우고 느낀 점을 세 가지 이내로 기술'하는 것입니다. 제한 글자는 1,500자. 당연히 아이들은 세 가지 항목을 찾아 500자씩 끊어 글을 쓰려고 하는 편입니다. 리포트를 쓰거나 서술형 시험을 보거나 할 때의 습관처럼 '쓰라'는 개수에 최대한 가까워야 좋은 성적을 받을 것만 같다고 느끼는 것 같습니다. 그래서 세 개를 꽉꽉 채워서 쓰고자 하는 것이죠.

그런데 다시 한 번 질문을 살펴보면 알겠지만, 정확히 '세 가지 이내'입니다. 즉, 한 가지만 써도 상관없습니다. 오히려 그 한 개의 활동을 표현한 글이 아주 멋지다면 플러스 요인이 될 수도 있습니다. 글과 내용이 모두 좋아야 한다는 전제로 말입니다. 이게 쉽지 않다면 적당히 양과 내용의 조합으로 구성하는 것이 좋겠죠.

어찌 되었든, 지금 하고자 하는 이야기는 글의 양이나 가짓수와는 별개로 '순서'에 대한 것입니다. 의미를 두고 노력했던 일에도 분명 경중(輕重)이 있을 것입니다. 하지만 아이들이 대체로 가져오는 글들의 활동 순서는 '학년순'입니다. 1학년, 2학년, 3학년의 철저한 시간순 배열을 통해 차례로 자신이 무엇을 해왔는지 쓰곤 합니다.

그런데 그 시간순이 자신의 전공 적합성을 잘 드러내는 순은 아니라는 것에 문제가 있습니다. 다시 말하여 한눈에 인상적으로 다가오지 못할 수 있습니다. 저는 차라리 그것보다는 자신에게 가장 의미 있다고 생각하는 것을 먼저 꼽고, 그다음 관련성의 순서로 글을 재배열하라고 권유하는 편입니다.

실제 '호텔 관광업'에 종사하고자 했던 정수가 여행지를 분석하는 동아리 활동을 한 기록을 가져온 적이 있습니다. 그런데 이 활동은 2학년 때의 기록입니다. 앞에서 언급한 대로 아이는 착실하게도 1학년 때 했던 반에서의 토론을 먼저 서술해왔습니다. 당연히 개연성이 잘 느껴지지 않는 단순 시간순 배열입니다.

대체로 이런 글이 흔히 쓰지 말라는 '나열식 구성'이 되기 쉽습니다. 나열식으로 쓰지 말라는 지침은 거의 관형어가 되어 버릴 정도로 많이 듣고 하는 말이라 이제는 '해서는 안 된다'는 사실은 누구나 잘 압니다. 하지만 그게 글로는 잘 안 나타나죠. 그 이유 중 하나가 바로 글의 '순서'와 상관이 있습니다.

예를 들어서 앞의 정수 같은 경우에는 '1학년 때 했던 토론 활동에서 의견을 나누고 나와 다른 생각을 수용하는 법을 배웠다'는 주제의 문단 다음에 '여행지를 분석해서 자료로 만드는 동이라 활동을 통해 여행지 개발과 관광업에 대한 흥미를 더 갖게 되었다'는 주제의 문단이 나올 것입니다.

이렇게 쓸 때 나열식이 되어 버리는 것입니다. 차라리 처음 여행지 분석 동아리 활동을 먼저 쓰고, 그 활동을 하는데 영향을 주었던 활동 중 하나가 토론이었다는 기술이면 인과관계도 보이고 관련성이 있어 보입니다.

즉, 먼저 전공에 닿아있고 자신의 꿈을 위해 노력했다고 자신하는 활동을 최우선으로 써두라고 하고 싶습니다. 그다음 그 활동을 하게끔 아니면, 하는 데 도움이 되었던 다른 활동을 언급하면서 그 다른 활동들과의 관련성을 언급하려 드는 것이 더 매끄러운 글이 될 수 있습니다.

늘 말하듯이 한눈에 알아보지 못하는 자기소개서는 매력도가 반감됩니다. 읽기 쉽게 제일 중요한 것들부터 먼저 쓰라고 하고 싶습니다. 언제나 그렇듯, 합격을 목적으로 한 글은 두괄식이 제일 좋습니다.

06

과정에 초점을 두라

"특별하게 어떤 상을 받았거나 동아리를 만들거나 한 활동이 없는데요. 어떻게 하죠?"

"아무것도 성공을 못 했니?"

"네, 다 실패했어요."

"그렇다면, 그 실패의 경험 과정을 아주 상세하게 써보렴."

자기소개서에 담기 위해서라도 활동을 많이 하려는 게 요즘 우리 학생들의 모습입니다. 탄탄한 내신에 화려한 수상 내용과 활동을 갖추었고 성공적인 연구까지 갖추었다면, 남은 것은 글만 잘 쓰면 됩니다. 있는 소재들을 잘 엮어서 말이죠. 그런데 현실을 보면, 어려움이 무척 많습니다.

성공적인 학생부가 만들어지지 못했다면 어떻게 할까요? 글쓰기를 포기해야 할까요? 글쓰기 소재를 갖고 '어떻게 접근하느냐'가 관건일 것입니다. 물론 선택할 수 있는 전략은 그리 많지 않습니다.

저는 평상시 강연을 하거나 자기소개서의 커다란 맥락을 전할 때는 너무 실패 경험을 자세히 드러내지 말라고 합니다. 굳이 약한 모습을 보일 필요가 없기 때문입니다. 그러나 때로는 실패 경험이 더 멋지게 글로 나타날 수도 있습니다. 전제 조건이 '발전'이라고 한다면 말입니다. 다시 말하여 실패를 할 수도 있습니다. 하지만 그것이 그냥 실패했다는 상태로 남아있으면 안 된다는 것이죠. 이를 통해서 어떤 변화와 성장이 있었다는 것을 반드시 서술해야만 합니다. 그것도 아주 자세히 말입니다.

실제 우일이의 사례를 들 수 있습니다. 우일이는 교내 창의경진대회에 참석했지만, 수상에 실패했던 경험이 있었습니다. 우일이는 자기소개서에 이 대회에서 수상을 하지 못했던 이야기를 자세히 기술했습니다. 그리고 그 내용을 통해 자신이 '배우고 느낀 점'을 잘 풀어서 썼습니다. 또 결론은 실패의 경험이 이와 유사한 다른 영역에 긍정적인 영향을 주었다고 맺었습니다. 다음과 같이 말입니다.

창의경진대회에 참석했지만, 수상을 하지는 못했습니다. 그렇지만 이 경험은 제게 발상의 전환이 무엇인지를 깨닫게 해주었습니다. '융합'이라는 주제로 제출했던 창의대회에서 저는 음악의 반복과 수학의 수열에서의 공통

점을 찾아 설명하려고 했습니다. 그런데 음악적인 특징보다는 수학에만 초점을 맞추어 제대로 융합이 이루어지지도 않았고, 제가 수열을 통해 설명하기에 지식이 부족했습니다. 그런데 우수작들을 전시해놓은 부스를 보면서 다른 사람들의 방식을 보고 전혀 다른 새로운 접근에 대한 이해를 할 수 있었습니다. 그 후 저는 하나의 관점으로만 보는 전형적인 생각에서 벗어나려고 노력했습니다. 그리고 새로운 생각이 떠오를 때마다 아이디어 노트를 작성했습니다. 처음엔 제대로 발전시키지 못했던 생각들이 차곡차곡 쌓여 지금은 아이디어 노트 빼곡히 저만의 창의적 사고가 쓰여 있습니다.

때로는 실패의 경험이 글쓰기의 좋은 소재가 될 수도 있습니다. 만약 그 실패가 내게 정말 값졌었고, 또 의미가 있었다면 잘 활용해보라고 하고 싶습니다. 오히려 반성과 발전이 현실적이고 공감을 불러일으킬 수도 있으니 말입니다. 단, 그 과정이 바로 위의 예시처럼 상세하길 바랍니다. 막연히 '반성했다, 바꾸기로 했다'로는 부족하기 때문이죠.

더불어 실패뿐만 아니라 모든 사례는 과정 중심의 서술이어야만 합니다. 과정보다 결과 중심의 서술을 하면 설명력이 떨어집니다. 이미 결과는 모두가 아는 것과 같이 학교생활기록부에 나와 있습니다. 굳이 자기소개서를 다시 한 번 받는 이유는 그 결과의 과정과 이유가 궁금하기 때문입니다. 결론보다 과정에 더 많은 공을 들여 써주세요. 합격을 위해서도 말입니다.

07

추상적인 표현을 금지하라

학생들의 자기소개서를 보면서 절제되지 않은 '감정어' 사용을 자주 보게 됩니다. 그것도 극단적인 표현이 많습니다. 예를 들어서 '놀라운 성과', '충격적이다' 등의 표현이 그렇습니다. 아무래도 평상시 의사소통을 하면서 강한 표현에 익숙해져 있다 보니 글로도 나타나는 것 같습니다.

물론 저도 일상에서는 강한 표현을 자주 씁니다. 하지만 글에서는 주의하려고 합니다. 글과 일상생활의 구어(口語)는 다를 수밖에 없습니다. 이 둘을 분리하는 것은 절대로 쉬운 일이 아닙니다. 그래서 우리는 글을 쓸 때 수차례 생각하며 쓰고, 고치고를 반복하는 것입니다. '날 것'의 감정어를 남발하는 것은 썩 좋은 글이 될 수 없습니다. 공감을 불러일으키기 어려우니 말입니다. 특히 자기소개서에서는 더욱 그렇습니다.

얼마 전 만난 영준이의 대입 자기소개서 1번 항목의 예를 들어보겠습니다. 학습경험과 노력, 배우고 느낀 점에 대한 서술이 다음과 같았습니다.

> 한껏 기대했던 고등학교 입학 후 처음 받은 성적은 충격적이었습니다. 특히 수학은 70점대를 기록해 좌절했습니다. 중학교와 고등학교의 공부는 완전히 달랐습니다. 문제점을 무엇인지 알아보니, 문제집 풀이에만 치우친 공부가 잘못되었다는 것을 알았습니다. (중략) 그렇게 공부방법을 바꾸고 나니 공부에 자신이 붙었습니다. 그리고 기말고사에서 1등급을 받아 교과 우수상을 수상하는 놀라운 성과를 얻기도 했습니다.

위의 글을 보면 '충격적'이라는 것과 '좌절', '놀라운 성과' 라는 표현이 보입니다. 아이의 의도도 잘 알겠고, 어떤 상황인지도 전달이 되기는 합니다. 그러나 자극적인 단어의 사용과 자의적 판단에 의한 단어 선택이 걸립니다. 시험을 못 본 것이 충격적이라는 것과 그걸로 좌절했다는 표현도 그렇고, 무엇보다 1등급을 받은 것이 놀랍다고 하는 것도 그렇습니다. 또 객관적인 시선에서 판단한 것이 아닌 자기 성과를 스스로 판단한 것이 과하다고 여겨지기도 합니다.

이런 평가나 판단을 품은 단어보다는 조금 덤덤한 표현을 사용하는 것을 보다 추천합니다.

고등학교 입학 후 처음 받은 성적은 기대에 미치지 못했습니다. 특히 수학

은 70점대를 기록해 자신이 없어졌습니다. (중략) 기말고사에서 지난번 시

험보다 성적이 향상돼 1등급을 받아 교과 우수상을 탈 수 있었습니다.

멋들어지게 표현할 자신이 없다면, 그냥 있는 사실을 서술하는 방식을 선택하라고 합니다. 내가 판단을 해서 글로 옮긴다기보다는 읽는 사람이 할 수 있도록 해야 합니다. 자기 성과에 대한 평가보다는 자신이 느낀 점이나 활동 부분을 보다 자세하게 묘사하는 것에 집중하도록 합시다.

앞의 글 같은 경우는 차라리 공부를 잘못했던 방식에 대해서 무엇이 잘못되었는지, 왜 그랬는지 혹은 그래서 어떻게 깨달아서 바꾸었는지에 대해 집중하는 것이 훨씬 매끄러울 것입니다. 잘못 인정 후에 깨달음과 반성, 그리고 바뀜의 일련의 과정을 잘 표현해낸다면 꽤 내용이 알찰 수 있습니다. 누차 강조하지만, 평가는 '나'보다는 '타인'이 하는 것입니다.

같은 차원에서 '하지 말라'는 표현을 좀 더 깊게 들어가 보겠습니다. 제가 자기소개서에서 사용하지 말라는 표현 중에 '만능문장'이라고 부르는 것이 있습니다. 정확한 정보보다는 의미를 부여하지 않은 막연한 말들이 그것입니다. 대체로 자기소개서에서는 '배우고 느낀 점'이나 '지원자에게 미친 영향' 등을 요구하는 경우가 많습니다. 단순히 상황의 나열이 궁금한 것이 아니라 지원자의 내면 생각이 궁금하기 때문입니다.

그러나 여기에 이런 막연한 문장들을 쓰면, 글을 쓴 사람의 성향 파악이 어려워지고 때로는 성의 없게 보일 수도 있습니다. 예를 들어서, '뿌듯하다', '보람 있다', '큰 영향을 받았다' 등의 문장이 그렇습니다. 특히 '어떤 영향을 미쳤는가?'라는 질문에 '큰 영향을 받았다'라는 대답은 묻는 말에 제대로 대답하지 않는 것과 같습니다. 그리고 그런 자기소개서를 읽는 사람에게도 그다지 큰 인상을 남길 수 없는 것은 당연합니다.

그러므로 자신의 느낀 점이나 생각을 명확하게 풀어내려고 노력해야만 합니다. 시시콜콜해 보이는 단어들을 사용하더라도 '만능문장'으로 끝내는 것보다 훨씬 더 좋습니다.

이 두 표현 사용에 따른 자기소개서의 진정성의 차이를 다음의 예를 통해서 살펴보도록 하죠.

반 티에 들어갈 문구를 정하면서 반 아이들끼리 갈등이 있었습니다. 다양한 의견이 나왔지만, 결국 '꽃미남'과 '상남자' 중 골라야 하는 상황이 되었습니다. 의견이 크게 차이가 나 좁혀지지 않으며 서로 자기주장을 굽히지 않았습니다. 저는 회의를 주최하여, 서로 의견을 조율하도록 시간을 마련했습니다. 처음에는 합의를 잘 못 했지만, 점점 양보를 하며 결국, '상남자'로 통일하게 되었습니다. 반장으로서 아이들의 의견을 조율하고 대화로 해결할 수 있었다는 사실에 리더로서 보람을 느꼈습니다.

위의 글은 학생답기도 하고 구체적인 사연이 있어서 글을 쓴 아이의 이야기를 직접 듣는 기분이 들기도 했습니다. 크게 고치지 않아도 개성 있는 글이라는 점은 좋습니다. 물론 언급한 것과 다른 부분까지 다 조정하면 논점과 어긋나니, 제일 고쳤으면 하는 곳만 보도록 하겠습니다.

제일 마지막 문장이 그러합니다. 아이는 이 사건을 통해서 느낀 게 단지 '보람 있다' 인 듯합니다. 그전까지만 해도 생생하던 글이 저 한마디로 빛을 잃게 되었습니다. 느낌도 자신만의 것으로 표현해보려고 노력해야 합니다. 조금 다른 방식으로 고쳐보는 것이 좋습니다.

차라리 의미를 부여하는 방식의 표현이 더 좋습니다. 위의 글의 경우엔 순서만 바뀌어도 가능합니다.

보다시피 수정된 내용은 크게 다르지 않습니다. 그런데 느낌이 전혀 다릅니다. '만능문장'을 배제하고 의미를 전달하려고 했기 때문입니다. 쉽게 표현할 수 있는 '보람', '뿌듯함' 등의 단어들 때문에 오히려 좋은 글이 나오는 것이 어렵게 되기도 합니다. 생각해보지 않고 그냥 써버리기 때문입니다. 그러면 끝나니, 고민의 여지가 사라지는 것입니다.

글을 잘 쓰려면 어떻게 써야 할지를 머릿속에서 수차례 그렸다 지웠다 반복해야만 합니다. 그래서 쉬운 문장, 즉 '만능문장'은 쓰지 않으려고 노력해보는 것이 좋을 글을 쓸 수 있게 만드는 것입니다.

전에 지도했던 학생 중에 글쓰기 실력이 눈에 띄게 늘었던 사례가 기억납니다. 이 아이에게는 '제약'을 지속해서 늘려가는 방식을 취했었습니다. 예를 들어서 앞에서 언급한 부류의 단어 사용을 금지하거나 마지막 문단이 물음표로 끝나는 것을 금지하는 식이었습니다.

처음엔 힘들어하던 학생도 점점 적응하며 대체 가능한 다른 표현들을 열심히 찾아 나섰습니다. 그렇게 몇 달을 연습하며 글을 쓰고 고치기를 반복하자, 처음 글솜씨와는 비교할 수 없을 정도로 훌륭한 글쓰기가 가능해졌습니다.

다른 표현을 찾으려 노력해보는 것이 글을 업그레이드합니다. 자, 그러기 위해서 우선은 '만능문장'부터 빼보도록 합시다.

08

간결하게 쓰자

먼저 국어는 해설지를 보는 것이 기계적인 지식의 습득에 머문다는 생각을 했습니다. 그래서 작품을 보면 원문을 찾아보며 깊은 이해를 하려고 했습니다. (중략)

수학은 잦은 계산 실수를 만회하기 위해, 노트를 적극적으로 활용하기로 했습니다. 처음에는 잘 고쳐지지 않았는데, 쓰는 것이 익숙해지면서 점점 실수가 줄어갔습니다. (중략)

영어는 단어와의 싸움이라 생각했습니다. 그래서 번거롭지만, 단어카드를 만들어 들고 다니며 외우려고 했습니다. (중략)

이렇게 공부하며 '학문하는 즐거움'이 무엇인지 깨달아갔습니다. 이런 학업 경험은 경제학과에 진학해서도 심도 있는 공부를 할 수 있는 밑거름이 될 것이라 생각합니다.

위의 글은 다영이가 써왔던 자기소개서의 일부입니다. 아이의 자기소개서 1번은 여러 교과 과목이 차지하고 있었습니다. 아이는 할 말이 많았습니다. 아무래도 우수한 내신 성적을 갖고 있기도 했고, 자신도 있었기 때문인 것 같았습니다. 그런데 너무 정신이 없었습니다. 너무 많은 소재를 욱여넣다 보니 정작 무슨 이야기를 하는지가 잘 전달되지 않았습니다. 그래서 하나의 소재로 줄여가자고 했습니다.

보시다시피 지원하고자 하는 학과가 경제학과입니다. 그렇다면 여러 과목 중에서도 단연 수학이 중요하다고 생각이 될 수밖에 없겠죠. 그래도 단순하게 수학을 강조하는 것보다 아이가 진짜 저 가운데 어떤 과목이 중요하다고 생각하는지 묻기로 했습니다.

"다영아, 그래도 이 중에 네게 가장 큰 깨달음을 준 과목이 무엇이니?"

"경제학과는 수학이 중요할 것 같아요. 그리고 제일 못하다가 잘하게 된 과목이기도 하고요."

"그럼 수학 과목만 지금보다 더 구체적으로 써보는 게 어떨까?"

다시 써온 다영이의 글은 인상적이었습니다. 자신이 수학을 못 했던 원인부터 고치는 과정과 결과까지 물 흐르듯 이어지는 내용이 와 닿았습니다.

경제학과를 지망하는 제게 가장 시급한 과목은 수학이었습니다. 수학은 고등학교 전까지 딱히 재미있거나 잘한다고 생각해본 적이 없었습니다. 완벽하다고 생각해도 막상 시험장에서는 실수를 연발해 성적이 늘 좋지 않았습니다. 문제는 계산실수였습니다. 무엇보다 계산실수를 바로잡는 것이 필요했습니다. 기존에 좁은 문제집 여백에 풀던 버릇이 자꾸 숫자나 기호를 놓치게 하였습니다. 그래서 저는 전에 하던 방식을 모두 바꾸기 위해 아무리 귀찮아도 연습장에 풀이를 써야겠다고 마음먹었습니다.

처음에는 바로 앞에 있는 문제집을 두고 옆에 연습장에 풀이를 하는 것이 여간 불편한 것이 아니었습니다. 시간도 더 걸리는 것 같았습니다. 하루에 30문제는 족히 풀던 것이 20문제 정도로 줄었습니다. 그렇지만 이 과정을 버텨야 수학을 더 잘하게 될 것이라는 믿음을 갖고 버텼습니다. 하루에 1문제씩 더 늘려가자는 마음으로 차분하게 연습장에 문제를 풀자, 하루에 푸는 문제 양이 조금씩 늘어났습니다.

결국, 기존의 양인 30문제를 다 풀면서도 계산실수가 확 줄게 되었고, 제 수학 성적도 눈에 띄게 향상되었습니다.

주제와 소재를 단순화하는 것이 자기소개서를 잘 쓰는 비결입니다. 전보다 더 나은 글을 써 온 다영이는 결국 원하는 학교에 입학할 수 있었습니다.

간결함은 비단 소재만을 지칭하는 것은 아닙니다. 글 자체를 좀 더 한눈에 알아볼 수 있게 쓰는 것도 중요합니다. 즉, 한 문장을 늘어지지 않고 직관적으로 알아보도록 짧게 구성하기를 추천합니다.

> 자치활동의 부장으로서 규율의 정착에 힘쓰며 학생들과 학교의 소통 문제를 해결하는 것이 주된 일의 하나였는데 이 일을 바탕으로 학생 스스로 자정능력이 있음을 알았으며 학교에서도 이런 부분에 대해 인정을 하는 것을 통해 더 효율적이고 의미가 있는 일을 한다는 것을 느낀 것이 이번 활동을 통해 가장 많이 배울 수 있던 것이 아니었나 생각합니다.

과하다 싶을 정도로 길게 써 온 성호의 글입니다. 성호는 무척 어른스러운 학생이었습니다. 지나치다 싶을 정도로 글도 어렵고, 어른스럽게 쓰고 싶어 했습니다. 그런데 그런 글은 결코 좋은 글이 아닙니다. 이를 줄이고 또 줄이라는 잔소리가 제가 주로 했던 일이었습니다.

"성호야, 너 이거 한번 소리 내서 읽어봐."

"네?"

"한번 직접 읽어봐."

"어렵겠는데요……."

빤히 자기 글을 보던 성호는 인정했습니다. 자신의 글을 타인에게는 어려움을 줄 수도 있다는 것을 말입니다. 다시 써온 서온 성호의 글은 훨씬 쉬워졌습니다.

> 자치활동의 부장으로서 규율의 정착에 힘썼습니다. 학생들과 학교의 소통 문제를 해결하는 것이 주된 일의 하나였습니다. 이 일을 바탕으로 학생들 스스로 자정능력이 있다는 것을 알았습니다. 학교에서도 이런 부분을 인정을 해주셨습니다. 더 효율적이고 의미가 있는 일이라고 말입니다. 이런 부분이 이번 활동을 통해 가장 많이 배울 수 있던 것이라고 생각합니다.

저는 늘 아이들에게 자기소개서 글쓰기에서 한 문장에 15어절을 넘지 말라고 권합니다. 명심하세요. 알아보기 쉬운 글이 좋은 글입니다. 멋을 위한 글은 절대 좋은 글이 될 수 없습니다. 또 그게 멋있다고 볼 수도 없고 말입니다.

09

개성을 담아라

단시간에 비슷한 구조를 가진 여러 개의 글을 읽다 보면 '피로도'가 올라갈 수밖에 없습니다. 그래서 글을 읽는 사람에게 흥미와 호감을 갖게 하는 것이 좋은 성과를 얻기 위한 방법 중 하나입니다. 이건 참 어렵습니다. 다른 사람에게 나를 설명하는 글을 흥미를 갖고 읽게 만드는 힘은 과연 어디에 있을까요? 상담을 하면서 학생들에게 늘 이런 조언을 하면 아이들이 하는 말은 한결같습니다.

"말은 쉬운데, 그게 저희는 쉽지 않아요."

잘 쓴 글이 좋은 글일 수는 있지만, 잘 쓴 글이 '좋은 자기소개서'는 아닙니다. 이 미묘한 차이를 이해하지 못하는 학생들을 위해서 저는 잘 쓴 글의 정의를 알려주곤 합니다. 한때 노벨 문학상 수상작들을 빌려주며 읽어오길 권했는데, 학생들이 참 힘들어했습니다. 솔직히 저도 종종 그 심오한 이해를 하는데 어려움을 겪는 경우가 있습니다. 노벨상 수상을 통해 입증했듯 정말 좋은 글인데 말입니다.

이와 반대로 '쉽게 읽히고 이해된다'는 글들이 잘 쓴 글이 아닌 경우도 많이 있습니다. 문학작품이 아닌 이상, 그렇게 자기 수준 이상의 능력을 갖출 필요는 없습니다. 그것보다 중요한 것은 '잘 읽힐 수 있는 글'을 쓰도록 하는 것입니다. 읽고 싶은 글의 가장 결정적인 조건은 내용입니다. 엄밀히 말하여, 글을 쓰는 형식은 부차적 문제입니다.

종종 학생들이 써온 글을 보면, 글의 마무리가 어색하고 연결이 부자연스러워도 무척 재미있게 술술 읽히는 글들이 있습니다. 그와 달리 나무랄데 없이 잘 쓴 글인데도 재미가 없는 것도 있고요. 내용이 재미가 있고 없고의 차이라는 것은 이를 통해 알 수 있습니다. 뭔가 특별한 활동이나 에피소드가 있어서가 아닙니다. 그저 어떤 내용을 선택해서 구성해나갔느냐가 중요합니다.

학생들의 입장에서 활동이 색다르기란 쉽지 않습니다. 할 수 있는 학교활동도 제한적입니다. 소재의 차이가 범위 밖으로 벗어나는 것을 보기란 쉽지 않습니다. 그렇다면 어떻게 내용을 선택해야 달라질 수 있게 만들까요? 가장 자신의 개성을 담아 낼 수 있는 부분은 '느낀 점'이라고 봅니다.

좀 더 넓은 차원에서 보면 의도, 생각, 꿈 등의 자신의 추상적인 내면에 대한 것이라 할 수 있습니다. 생각이 재미있고 창의적인 글, 느낀점이 예측 가능한 범주의 방향성을 따라가는 '뻔하다'는 글이 아니면 재미를 느끼게 됩니다. 그리고 '읽고 싶다'는 생각도 갖게 합니다. 그렇다고 해서 글을 창의적이게 꾸미라는 것은 절대로 아닙니다.

취향이라는 것, 혹은 개인의 생각은 저마다 다릅니다. 우리는 모두 다른 생각을 하고 삽니다. 그런데도 어느 틀 안에 자꾸 가두고 형태를 만들어가려고 합니다. 자기소개서의 경우는 '잘 보이기 위해'서 말입니다. 대체로 이런 글이 재미가 없습니다. 물론 무형식의 수필 같은 글을 쓰라는 것은 아닙니다. 그러나 적어도 진짜 자기 이야기가 들어갔는지, 아닌지에 따라서 '재미'는 갈립니다.

'대체 누구였더라?'

하루에 수 편의 글을 보았던 날, 마지막 글을 내려놓으며 든 생각이었습니다. 인상적이지 못한 글들의 연속이었습니다. 무척 우수한 아이들이었는데도, 정말 모범적이라고 할만한 활동과 글이었음에도 '읽고 싶은' 글을 쓰는 데는 성공적이지 못 했습니다.

자기소개서에는 모범답안이 없습니다. 글의 주제인 '자기'가 모두 다르기 때문입니다. 완벽하게 다른 '자기'를 비슷하게 만들면서 글은 재미가 없어집니다. 정말 자신의 이야기를 잘 쓰려 들지 말고 풀어서 써보도록 합시다. 하나하나 주옥같은 글이 될 것입니다. 우리는 모두 저마다 그렇게 소중하고 특별한 이야기를 하고 있으니 말입니다.

"요새 가장 인기 있는 드레스는 어떤 것인가요?"
"백인백색(百人百色)입니다. 모두가 다 다릅니다. 그게 정상이지요?"

전에 결혼식을 앞두고 웨딩드레스를 대여하러 다니면서 문득 궁금한 생각에 물어봤던 질문의 대답이 생각납니다. 제 질문에 담당자는 웃으면서 말했었습니다. 그 말이 지금도 제 가슴에 남아있습니다.

우리는 모두 다 다릅니다. 따라서 글도 당연히 달라야 합니다. 그리고 '다른 글'을 우리 모두 쓸 수 있습니다.

OO 교수님의 강의를 통해 깨달음을 얻었고, OO 박사님의 연구가 인상적

이었습니다.

현준이의 자기소개서의 구절 중 이런 부분이 있었습니다. 하나의 주제 안에서 등장인물이 지속해서 등장했습니다. 많이 나오는 문단의 경우는 세 명씩이나 되었습니다. 이 학생은 학교 생활기록부에 등장하는 여러 강사진의 이름을 자기소개서에 기록했습니다. 학교에서 진로 체험을 통해

외부 강연이나 활동 등에 참여하면 기록을 기재해주는데, 그것을 활용한 것입니다. 그런데 제삼자로서 이런 글을 읽어본바, 그다지 추천하고 싶은 글쓰기는 아니었습니다.

학생부 기재에 대해 여러 변화가 있을 예정이지만, 아무래도 모두가 활동했던 경험은 그 내용이 획일적일 수밖에 없는 건 어쩔 수 없습니다. 물론 특별히 자신이 수행했던 활동들이 없을 때는 이것이라도 활용을 해야겠지만, 이렇게 작성한 글 대부분은 인상적일 수 없습니다. 그리고 이런 경험을 통해 아이들이 느낀 점이나 배운 점도 무척 단편적이고 깊이가 없었습니다. 덧붙여서 유명 인사들이 등장한다고 그게 꼭 유의미한 것은 아닙니다. 의미는 자기가 찾고, 자기가 만들어가야만 합니다.

때로는 정말 특강 덕분에 깨달음을 얻고, 인생의 길을 찾아 열심히 노력했던 친구도 있습니다. 모두 다 함께 들었던 강의와 내용이었음에도 개성을 담아 의미를 찾아 쓴 자기소개서의 예를 들어보고자 합니다.

은진이의 꿈은 법조인이었습니다. 정확히 말하면 변호사인데, 아직은 변호사와 검사 둘 중 어느 쪽이 더 맞을지 몰라 그중 하나의 길을 가고 싶다고 하였습니다. 가능하면 말입니다. 그런데 학생 스스로가 이런 꿈을 갖게 된 것은 한 특강을 통해서였다고 합니다.

실제 법조계의 인사가 와서 했던 강의를 인상 깊게 보았던 은진이는 그 강의의 내용을 통해 느꼈던 감정과 자신의 미래에 대한 꿈을 자세히 서술했습니다. 또 당시 자신이 했던 질문과 그분의 답변을 인용해서 사실성을 강조하며 진로에 대한 의지도 드러냈습니다. 여기까지는 특별함이 잘 느껴지지 않습니다. 누구나 할 수 있을 것 같기도 합니다.

그보다 중요했던 것은 그 이후의 활동이었습니다. 이를 바탕으로 더 많은 자료를 찾아보고, 관련 책도 읽고, 독서나 기타 활동에 반영했던 흔적들이 보였습니다. 그리고 강의 내용에서 언급되었던 점들과 이런 활동들을 연계시키려 했습니다. 당시 은진이 스스로 가장 큰 궁금증을 갖고 있던 것은 변호사가 지켜야 할 양심의 범위였습니다.

> 저는 '의뢰인의 부정을 어디까지 감싸야 할까?'라는 고민이 컸습니다. 그래서 현직 변호사이신 강사님께 여쭈었습니다. 변호사님은 의뢰인의 부정을 눈감아 주는 것은 변호사의 윤리에 위배된다는 답을 주셨습니다. 저도 같은 생각을 갖고, 실제 법조문과 판례를 찾아보기도 했습니다. 그러면서 변호사 윤리규칙 14조를 통해 변호사가 범죄행위나 위법행위에 협조해서는 안 된다고 명시되어 있다는 것을 알 수 있었습니다.

은진이는 강의를 들었다거나 질문을 해서 답을 들었다는 단순 사실을 넘어 궁금한 점에 대한 관련 법과 책, 기사와 영화 등을 일관성 있게 찾아냈습니다. 그리고 이를 인용해 자신이라면 특정 상황에서 어떻게 할 것인지도 구체적으로 서술했습니다. 단연코 다른 친구들과 같은 경험임에도 은진이가 눈에 띌 수밖에 없었습니다.

물론 학교생활기록부에 기록된 은진이의 진로 활동이 다른 학생들에 비해 우수하거나 뛰어나지는 않았습니다. 언급했던 활동도 학교에서 단체로 참여했던 강의를 들었던 진로체험활동이었습니다. 그렇지만, 이를 그냥 넘기는 것과 여기에서 발전시켜서 자신의 색깔을 입히는 것은 그 결과에 커다란 차이를 가져다줍니다.

모든 아이가 다 적극적으로 동아리를 개설하고, 동아리장이 되거나 회장으로서 리더십을 발휘하고, 자신의 분야에 대한 논문을 유려하게 쓸 수는 없습니다. 묵묵히 자기 일을 하는 친구들도 분명 있습니다. 그런 아이들에게 활동을 하라고 종용하기도 어렵습니다.

오히려 학교에서 하는 단체 활동에서 자신의 관심 분야를 찾고, 발전시키려는 작은 노력이 나를 소개하는 글의 소재가 될 수 있습니다. 그것도 무척 잘 다듬어진 형태로 말이죠. 아이들에게 학교 활동에서도 의미 찾기를 해보라고 하고 싶습니다. 새로운 활동을 찾아 채우는 것보다 일단은 있는 것에서 찾아서 시작하는 것이 더 빠르고 맞을 수 있습니다.

10

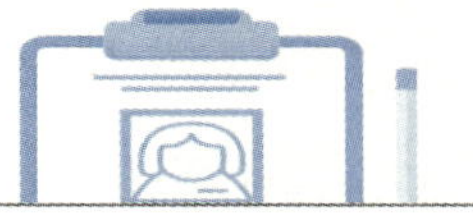

친절하게 쓰자

1학년 때부터 일관된 자기 관심사와 꿈이 있던 학생들 중에서 특별한 활동이 많지 않아도 이를 잘 풀어서 쓴 경우가 있습니다. 그리고 좋은 평가를 받아 합격의 기쁨을 맞이하기도 했습니다.

앞장에서 등장했던 대영이를 예를 들어 보겠습니다. 대영이는 자신의 꿈인 건축을 위해 건축 관련 공부를 정말 열심히 한 경험이 있습니다. 학교 활동이 딱히 자신의 꿈과 맞는 것이 없었지만, 이는 독서와 자신의 관심사에 대한 열정을 더 열심히 찾아서 준비하는 과정으로 풀어내었고, 결국에는 S대학교에 좋은 성적으로 입학했습니다.

실제로 건축을 위한 동아리가 없었고, 임원의 기회도 많지 않아서 창의 체험 활동 중 진로에 관련한 활동에 정말 열심히 참여했습니다. 그리고 독서를 정말 많이 했습니다. 시중에 나와 있는 전문 잡지를 정기적으로 구매해 구독하면서 그 잡지에 마음에 드는 작가나 작품이 있으면 스크랩을 해두고, 관련 내용을 자기 나름대로 노트로 만들어두었습니다. 또 이와 관련된 시중의 책들을 차곡차곡 읽었습니다. 그러면서 자신의 꿈에 대한 자세한 로드맵(Road map)을 그릴 수 있게 되었습니다.

자기소개서에도 이를 담으려고 노력했습니다. 내 꿈을 위해 어떤 활동을 했다는 내용보다는 자신의 꿈을 위해 조사해오던 것 중 하나를 골라 아주 자세히 썼습니다. 자신이 왜 자기의 꿈 중 그 건축물에 관심을 두게 되었는지, 그 건축물을 지은 작가는 어떤 사람이고, 어떤 철학이 그 바탕에 있는지를 포함해서 말이죠. 그리고 자신이 그것에 대해 생각하는 바도 썼습니다. 미래에 어떻게 할 것인지 학교 활동 중에, 또 독서에서 느꼈던 점을 담아내자 글이 무척 풍성해졌습니다. 활동을 서술한다는 느낌보다는 정말 자신의 열정이 고스란히 녹아있는 느낌이었습니다.

자연스레 글을 통해 이 학생의 노력이 느껴졌습니다. 자신을 설명하는 느낌이라기보다는 자신의 흥미에 대한 그림 중 일부를 아주 자세히 집어서 표현했다고 할 수 있었습니다. 자연스레 그 안에 수많은 지식과 정보가 보이기도 했고요. 그리고 그를 위한 3년간의 활동도 미루어 짐작할 수 있었습니다.

아이의 글을 전부 담을 수는 없지만, 아이의 글을 수정하고·변형한 방식의 전개는 다음과 같았습니다.

도미니크 페로에 관심을 갖게 된 것은 ECC를 다녀와서였다. 지상과 지하의 경계가 불분명한 작품을 보며, 그 안에 공간에 대한 깊은 고민과 철학을 이해할 수 있었다. 프랑스는 건축가가 철학을 함께 배운다고 한다. 건축은 단순히 건물을 짓는 것 이상의 인간에 대한 이해가 필수적이라는 생각이 들었다. …… (생략)

한 건축가의 작품과 그의 배경과 생각에 대한 것까지를 자세히 언급한 글은 읽는 사람을 푹 빠져들게 했습니다. 물론 아이의 독서 기록에 기반을 둔 글이었습니다. 특별한 동아리도, 임원활동도 없던 아이는 그렇게 자신의 미래에 대한 꿈을 보여주었습니다.

만약 활동을 만들만한 환경이 아니라면 '꿈에 관한 연구'를 하라고 권하고 싶습니다. 방식이야 여러 가지겠지만, 항상 말하듯 '꿈은 크게' 그리고 '그 과정은 자세하게' 갖는 것이 힌트라면 힌트일 것입니다.

"자치활동이 뭐니?"

"아, 자치활동이요? 그건 벌점이 쌓였을 때, 변론의 기회를 주고 깎아주는 건데요. 학생들끼리 하는 거예요."

"그런데, 왜 그렇게 안 썼어?"

"아……."

앞에 등장했던 성호의 글을 보면서 나눴던 대화입니다. 성호의 글은 길기도 했지만, 설명적이지 못하다는 문제점을 하나 더 갖고 있었습니다. 글을 쓰는 사람은 알고 있지만, 읽는 사람은 모르는 용어들을 남발할 때, 그 글을 읽으면서 불편함을 느낍니다. 읽는 사람이 기본 정보를 갖고 있지 않다고 생각하고 자세히 서술해주는 것이 좋은 자기소개서가 될 수 있는 길 중 하나입니다. 다음을 수정된 성호의 글입니다.

자치활동의 부장으로서 규율의 정착에 힘썼습니다. 자치활동은 벌점이 쌓인 학생들에게 변론의 기회를 주고 합당한 경우 벌점을 깎는 자율적인 활동입니다. 이로써 학생들과 학교의 소통 문제를 해결할 수 있었습니다. 또 이 일을 통해 학생들 스스로 자정능력이 있다는 것을 알았습니다. 학교에서도 이런 부분을 인정을 해주셨습니다. 더 효율적이고 의미가 있는 일이라고 말입니다. 이런 부분이 이번 활동을 통해 가장 많이 배울 수 있던 것이라고 생각합니다.

11

한 줄을 열 줄로 만들라

가끔 쓸 말이 없어서 헤매는 학생들을 보게 되는 경우가 있습니다. 쓸 거리가 없어서 고민인 학생들은 대부분 그 이유 중 하나로 '구분 짓기'나 '정의 내리기'를 상당히 간결하게 하는 성향 때문이지 않을까 생각됩니다.

예를 들어 학생들에게 '학업적으로 무엇이 어려웠는가?'라고 물었을 때 아주 간단명료하게 '선행학습이 되어있지 않아 수학이 무척 어려웠습니다'라는 식의 짧은 문장으로 답이 나오기도 합니다. 이렇게 한 문장으로 정의를 마치면 더 이상 쓸 말이 없습니다. 따라서 말을 길게 설명적으로 늘어놓는 법을 익히라고 하고 싶습니다.

'글을 잘 쓴다'는 사람들의 특징을 보면 스토리를 정말 잘 전달합니다. 그런데 그런 글들의 공통점을 찾아보면 표현 자체에서 디테일이 잘 살아 있다는 것을 알 수 있습니다. 반면, 그렇지 못한 글들은 설명적이지 못합니다. 그러다 보니 세련미가 떨어지거나, 투박해 보일 수밖에 없죠. 혹은 '개연성이 없다'라고도 합니다. 세련미 있는 잘 쓴 글이 되려면 한 줄로 쉽게 표현하던 글을 열 줄로 만들도록 해야 합니다. 아주 설명적으로 말입니다. 그러면서도 반복된 설명이나 표현이 들어가지 않아서 지루하지 않게 해야 합니다.

상담 중에 이렇게 써야 한다는 말을 전하면, 학생들은 대부분 멍한 표정을 짓습니다. 너무 조건이 어려워 보이기 때문이죠. 그런데 조금만 연습해 보면 이렇게 쓰는 것이 생각보다 그리 어렵지만은 않습니다. 요령만 잘 터득하면 말입니다.

예를 들어보겠습니다. '봉사 동아리에서 활동하며 봉사상을 받기도 했다'는 사실이 있다고 해보겠습니다. 대부분 학생들은 이렇게 봉사 활동을 기술한 후에 더 이상 할 말이 없어서 당황합니다. 여기에 다음과 같은 정보를 덧붙여 글을 풍성하게 다듬어보도록 하겠습니다.

'이 봉사 동아리에 왜 가입했는가?', '주로 했던 봉사 활동은 무엇인가?', '봉사하며 느꼈던 점은 무엇인가?', '상을 받게 된 이유는 무엇인가?' 등등 이렇게 추가 정보를 덧붙이면 글이 좀 더 설명적이면서도 스토리가 느껴지게 됩니다.

바로 다음의 글처럼 말이죠.

교과 공부 위주의 학교생활만 하는 것보다는 누군가를 돕는 일을 학창 시절에 하고 싶다고 생각했습니다. 그래서 봉사 동아리에 가입해서 친구들과 함께 주말마다 할 수 있는 일을 찾아서 했습니다. 저희가 주로 했던 봉사활동은 근처 양로원에 가서 청소나 식사 도우미 등을 하는 것이었습니다. 자주 해보지 못했던 일들이라 능숙하지는 않았지만, 성실히 맡은 바를 해내려고 했습니다. 한 주도 빠짐없이 참여하면서 노인분들과 친해지고 일도 몸에 익기 시작했습니다. 그리고 이런 성실함을 인정받아 봉사활동상을 받게 되기도 했습니다.

이런 식으로 충분히 의미 있는 글로 바꿀 수 있습니다. 쓰는 사람은 자신이 이미 익숙하게 알고 있는 정보이기 때문에 간단하게 표현해도 된다고 생각하곤 합니다. 그런데 읽는 사람 입장에서는 전혀 새로운 낯선 정보일 수밖에 없습니다. 이럴 때는 좀 더 설명적으로 당시의 상황, 활동, 느낌까지 쓸데없다고 생각되는 모든 정보를 되도록 다 담아보길 바랍니다. 그러다 보면, 글로 표현하는 능력이 조금씩 성장하는 것이 느껴질 것입니다.

한 문장을 열 문장으로 자연스럽게 바꾸는 연습을 해보세요. 자유롭게 바꿀 수 있다면, 반은 글쓰기 달인이 되었을 것입니다. 특히 자기소개서는 더욱더 그렇습니다.

12

같은 말을 반복하지 마라

좋은 자기소개서와 좋지 않은 자기소개서의 종류와 양식은 무척 다양합니다. 좋은 자기소개서는 한눈에 알아보기 쉽고, 읽는 사람이 왜 좋은지 잘 모를 정도로 자연스럽습니다. 그러나 좋지 않은 자기소개서는 잘못 쓴 점이 명백하게 나타납니다. 읽는 사람도 쉽게 찾아냅니다. 그중 하나로 '저는'을 남발한 자기소개서를 꼽을 수 있습니다.

예를 들어서 총 세 개의 문단으로 구성된 자기소개서를 접하는데, 그 모든 문단이 모두 '저는'으로 시작되면 여간 거슬리는 것이 아닐 수 없습니다. 물론 개인적 취향일 수 있지만, 이건 취향을 넘어 반복으로 인한 피로를 느끼기에 충분합니다. 혹은 '성의 없다'는 느낌을 받을 수 있습니다.

저는 고등학교 시절에 방송반의 PD로 활동한 경험이 있습니다. 고등학교 동아리 활동이 얼마나 대단하겠느냐 할 수 있겠지만, 당시에 글쓰기를 하며 크게 배운 바가 있습니다. 그 배움은 지금까지도 이어져 오고 있어서 '도움이 되었다'고 여전히 말하곤 합니다. 이제 막 고등학교 입학 후 동아리에 가입했던 1학년 시기, 저는 날마다 15페이지에 달하는 '멘트'라는 것을 써가야만 했습니다. 그리고 매일 검사를 받으며 잘못된 것들을 첨삭 받았습니다. 물론 학문적이고 철학적인 사상까지는 아니더라도 그런 과정은 누군가로 하여금 읽기 불편한 요소를 없앨 수 있는 좋은 기회였습니다.

그때 철칙과도 같이 배웠던 사항 중의 하나는 '절대 같은 어미를 반복해서 쓰지 말라'는 것이었습니다. 예를 들어 '데요.'라는 말을 연이은 문장으로 나열하는 것이었습니다.

위와 같이 글을 쓸 때 같은 어미를 계속 반복하면 글을 읽는 사람들은 불편함과 지루함을 느끼게 됩니다. 그래서 반드시 모든 어미를 반복하지 않도록 최선을 다했습니다. 만약 '데요.'이었다면, 그다음은 '습니다.' 또는 '하더군요.'라는 식이었습니다. 처음엔 다른 어미를 생각하는 것이 무척 힘들었지만, 점차 익숙해지면서 저 자신도 반복 어미의 피곤함이 무엇인지 몸으로 느낄 수 있었습니다. 습관을 많이 고칠 수 있던 것도 큰 수확이었고 말이죠.

지금은 다른 사람의 글을 첨삭하거나 지도를 하면서 유사한 문제를 접하게 될 때, 그 습관을 고칠 수 있던 것에 감사하는 마음을 갖고 있습니다. 왜냐하면, 저도 독자가 되어 다른 사람의 글을 읽을 때, 특히 자기소개서를 읽을 때 간혹 불편함을 느끼는 요인 중 하나가 '저는'의 반복 같은 것이기 때문입니다.

자기소개서는 말 그대로 자신을 표현하는 글입니다. 당연히 주체가 누구인지 따지지 않아도 알 수 있습니다. 그런데도 자신도 모르게 반복을 합니다. 이는 습관의 문제라고 보입니다. 무리하게 억지 생략을 하라는 것은 아닙니다. '저는'을 사용해도 좋습니다. 그러나 첨삭을 하는 입장에서 보기엔 같은 어미의 반복까지는 아니더라도 문단의 첫 시작은 좀 다르기 바랍니다. 한눈에 어색함이나 혹은 불편함을 느끼게 하면 호감도가 떨어지니 말입니다.

이번엔 '저는'을 줄여보도록 하죠. 다른 대체 표현을 찾다 보면, 또 다른 능력이 생길 것이니 말입니다.

봉사활동을 하며 살아야겠다고 마음먹어서, 학창 시절 봉사활동을 많이 했다. 학교에서 하는 봉사활동에 많이 참여했는데, 그 봉사활동 중에 가장 기억 남는 것을 꼽으라면 ○○ 봉사활동이다. 봉사활동을 하다 보니 봉사 정신이 많다고 봉사활동 상을 수상하기도 했다.

조금 과장된 표현이라는 말을 듣는 글입니다. 그런데 한 학생이 이렇게 써오긴 했었습니다. 놀랍게도 말입니다. 잦은 상황은 아니지만, 앞장에 자신감이 없었다고 언급했던 정은이의 처음 자기소개서의 모습입니다.

처음에 정은이는 자기소개서를 쓰는 법에 대한 기본 지식이 거의 없었습니다. 마무리를 '~했음'으로 하거나 위의 예시처럼 반말로 쓰기도 했고, 반복적인 용어를 사용했습니다. 시간 투자를 다른 친구들에 비해 아주 많이 하긴 했지만, 지속해서 '쓰고, 고치고'를 반복하며 나아졌습니다.

봉사활동을 해야겠다고 마음먹고 적극적으로 참여했습니다. 특히 학교에서 진행하는 활동에 많이 참여했는데, 그중 가장 기억에 남는 것을 꼽으라면 OO 봉사활동입니다. 주로 방과 후에 학교 주변을 돌며 쓰레기 등을 줍는 것이었는데, 지속적으로 참여하는 것이 중요했습니다. 일부 친구들은 시간을 너무 많이 뺏긴다고 중도 포기를 하기도 했습니다. 그렇지만 이왕 시작한 일이니 끝을 보아야 한다고 생각해서 거의 매일 빠짐없이 참여하려 노력했습니다. 그렇게 여름을 나며 제 의무를 다하려 했는데, 선생님들과 친구들에게 인정을 받아 봉사활동 상을 수상하기도 했습니다.

중간에 봉사활동에 대한 설명을 보다 자세하게 넣으라고 했습니다. 그러면 반복을 많이 하지 않아도 되고 설명적이기도 하니 말입니다.

앞장에서도 언급했던 것처럼 글이 발전하려면 '제약'이 있어야 합니다. 스스로 제약을 하나둘 늘려가다 보면, 어쩔 수 없이 기술적으로나 표현적으로 성장하게 되어있습니다.

13

잘난 체를 피하라

'꿈을 품고 비상하다.'

가끔 만나게 되는 취업 자기소개서를 보면, 단락마다 자신이 생각한 멋진 소제목을 붙이는 경우가 있습니다. 위의 예처럼 말입니다. 실제 저도 공부혁명대의 컨설턴트를 모집하며 받게 되는 취업 자기소개서에서 심심치 않게 보는 형식이기도 합니다.

어떤 문구들은 꽤 멋있고 감동적이기까지 합니다. 저도 감탄할 정도로요. 그리고 자신의 의사 표현이 명확해 보이기도 합니다. 물론 그렇지 않은 경우가 훨씬 더 많지만 말이죠. 소제목에 대해서는 여러 의견이 있겠지만, 호불호가 나뉘는 방법이란 생각이 듭니다.

입시용 자기소개서에서도 소제목을 적는 것이 적합할까를 고민해볼 수 있을 것입니다. 실제로 입시용 자기소개서를 종종 이런 방식으로 글을 써서 가져오는 아이들이 있긴 합니다. 그리고 저와 의견이 맞지 않아 설왕설래(說往說來)하기도 합니다. '소제목을 기재할까, 그렇게 하지 말까'를 두고 말이죠. 대체로는 저를 설득하는데 학생들이 실패하는 편입니다. 아주 가끔 아이를 칭찬하며 그대로 소제목을 두게 되는 사례가 있긴 하지만 정말 드뭅니다.

취업용 자기소개서와 입시용 자기소개서가 같을 수는 없다고 생각합니다. 둘 다 자신을 표현하는 방식이긴 하지만 표현의 범위가 제한적이냐 그렇지 않으냐에 따라 소제목의 기재 여부는 달라질 여지가 있습니다.

저는 사실 취업용이든 입시용이든, 소제목을 쓰는 방식에 대해서 추천하는 편은 아닙니다. 그 핵심 이유는 '보기 불편하기 때문'입니다. 글 전체의 맥락이 하나로 흐르는 중에 자꾸 끊깁니다. 정해진 글자 수가 있고, 그 안에 들어가야 할 내용은 명확한데, 자연스럽게 글로 이어지게 작성하기는 쉽지 않습니다.

가끔은 글자 제한 때문에 글을 다 못 써서 아쉽다고도 합니다. 그런데도 소제목에서 굳이 그렇게 글자 수를 잡아먹을 이유가 있을까 싶습니다. 그리고 들어가야 하는 내용을 구조화하는 데에도 소제목은 방해요소일 수밖에 없습니다.

또 다른 이유는, 소제목이 생각보다 주제를 잘 드러내지 못하는 경우가 많기 때문입니다. 오히려 이런 점들은 역효과를 불러일으키기도 합니다. 즉, 작성된 글의 방향과 자신이 쓰고자 했던 글의 방향 사이의 괴리를 여과 없이 드러낼 수 있습니다. 그럴 경우, 글쓴이 자신의 글쓰기 실력과 표현력의 한계를 보이는 것에 불과합니다.

전에 한 아이도 '꿈'에 대한 이야기를 제목으로 써두고 정작 내용은 공부해서 성적 올린 이야기만 내내 나열해서 전혀 소제목과 내용이 맞지 않는 글을 써오기도 했습니다. 차라리 소소하게 자신의 이야기를 쓰려면, 거창한 제목을 빼라고 했습니다. 글이 '용두사미(龍頭蛇尾)' 같아 보일 수 있다는 점을 주의해서 말이죠.

마지막으로 저의 개인적 감상이나 느낌일 수 있겠지만, '낯간지럽다'고 생각되는 표현은 피하게 되는 것 같습니다. 짧은 문장 안에 단락의 주제를 함축적으로 표현하려다 보니, 시적인 표현이나 형식을 취하게 됩니다. 정말 이 표현이 적절하고 멋있으면 감탄이 나오지만, 어설프면 보면서 어색함이 몰려옵니다. 우리 아이들의 경우는 글을 잘 쓰는 일부 학생을 제외하고 대체로는 후자의 모습을 보입니다.

시적 표현은 단시간에 흉내로 되는 것이 아니라, 장시간의 글쓰기 연습을 통해서 쓸 수 있습니다. 잘 못 하는 걸 억지로 따라 하려고 하기보다는, 덤덤한 어조로 풀어낸 자기 생각과 명확한 사실 전달이 훨씬 더 자연스럽고 이해가 쉽습니다.

　　결론은 자신이 시적 표현을 활용해 글의 주제를 명확히 잘 표현 가능하고, 글자 수 제한에서 거슬리지 않는다면 모를까, 웬만하면 소제목은 쓰지 않는 것이 낫다고 할 수 있습니다. 자기소개서는 글쓰기 능력 평가가 아니니 달필(達筆)과 멋진 표현에 주눅 들거나 목말라 하지 말기 바랍니다. 그것보다 자신의 글에 진심을 담는 법을 고민하는 것이 좋습니다.

　　통계학에서 가장 중요한 것은 수학입니다. 제가 수학을 어렵게 느낀 적이 거의 없이 항상 최상위권으로 유지하는 것이 가능했던 것은 수학동아리를 활동 덕분이었습니다. 경시대회 수준의 어려운 문제들을 동아리 부원들과 함께하면서 쉬운 풀이를 고민하며 제가 찾은 해결책은 가능한 풀잇법을 모두 기재해보는 것이었습니다. 처음에는 시간이 너무 오래 걸려 지속해야 할지 고민했지만, 점차 별다른 시행착오 없이 가장 정확하고 간단한 방법을 먼저 찾아내고 있다는 것을 깨달았습니다.

　　진욱이가 써왔던 글입니다. 읽으면서 부담스럽고 호감이 가지 않는 느낌이 듭니다. 대체 왜 그럴까요?

　　'개구쟁이 스머프(The Smurfs)'라는 만화가 있습니다. 파란 피부를 가진 작은 종족들이 마을을 이루고 함께 살아가는 내용입니다. 여기에 주인공들인 스머프라는 종족의 구성원들은 각자가 여러 성격의 인간형을 대변하고 있습니다. 허영심이 많은 캐릭터, 늘 투덜대기만 하는 캐릭터, 똘똘

한 척하는 캐릭터 등등 다양한 성품의 등장인물들이 나옵니다.

그리고 그들 사이의 관계에서 발생하는 갈등이나 화해 등의 여러 에피소드가 매회 펼쳐집니다. 그중 자주 등장하는 장면 중 하나는 똘똘이 스머프의 '잘난 척'입니다. 여러 사람에게 자신의 지식을 자랑하거나 설교를 늘어놓고, 자기가 최고라는 밉살스러운 모습을 보입니다. 그래서 종종 듣기 싫다는 반응으로 다른 스머프들에 의해 혼이 나곤 합니다.

사람의 심리도 비슷한 부분이 많습니다. 누군가에게 호감을 사는 유형과 그렇지 못한 유형의 일반성은 존재합니다. 즉, 인기가 있는 사람이나 그렇지 않은 사람은 그 바탕에 사람들의 호불호(好不好)를 가르는 기본 전제가 있다는 것입니다. 앞에서 언급했듯 잘난 척은 아무래도 불호를 유발하는 요소의 하나일 수 있습니다. 자기소개서에서 중요한 고려 사항 중 하나가 바로 이런 불호를 낳을 수 있는 '잘난 척'일 것입니다.

학생부종합전형으로 상위 학교를 노리는 학생들을 만나보면, 정말 면면이 다 우수하기만 합니다. 세상에 이렇게 우수한 학생들이 어디에 있다 튀어나왔나 싶을 정도로 대단한 활동과 내신 성적, 수상 실적 등을 자랑합니다. 이미 너무 잘난 아이들이다 보니, 잘난 체할 것도 정말 많은 것은 사실입니다. 그런데 이런 '잘난 점'을 가끔 잘 표현하지 못한 경우, 매력도가 떨어지곤 합니다.

진욱이도 바로 그런 케이스였습니다. 그냥 한 번에 서류를 봐도 매우 잘난 이 친구의 자기소개서는 도리어 매력이 없었습니다. 잘난 자신을 너무나 더 드러내려고 하는 바람에 살짝 반감이 생기는 것이었습니다. 글은 그 사람의 성격을 나타내곤 합니다. 누가 봐도 칭찬할만한 자신의 성과를 자신이 자화자찬(自畫自讚)하면 부작용만 생깁니다.

진욱이에게 '겸손함'을 바탕으로 글을 써보자고 설득했습니다. 학교에서 학생부종합전형으로 학생을 뽑고자 하는 이유는 단순히 성적과 우수성을 보고자 함이 아님을 상기해야합니다. 다음은 수정된 진욱이의 글입니다.

통계학에서 가장 필요한 것은 수학이라고 생각합니다. 그래서 수학에 보다 많은 투자를 하려고 노력했고 성과도 거둘 수 있었습니다. 특히 수학 동아리에서의 활동이 큰 도움이 되었습니다. 동아리 부원들과 함께 쉽게 풀리지 않는 문제를 두고 함께 고민하며 가능한 모든 풀이를 찾아 써보려고 했습니다. 그러면서 가장 정확하고 유용한 방법을 꼽아 그 방식을 익히려 했습니다. 이런 연습을 통해 수학 문제를 적합한 방식으로 푸는 것이 익숙해졌습니다.

약간의 겸손함이 더해진다면, 우수하면서도 매력적인 학생임이 더 강하게 다가옵니다. 자기 글을 자신이 쓴 것이 아니라고 여기고 다른 사람을 대입해서 다시 한 번 보도록 합시다. 잘나 보입니까? 아니면 '잘난 체'에 가깝습니까?

14

타인을 비방하는 뉘앙스를 피하라

　자기소개서 공통문항의 3번 항목에서는 배려, 나눔, 협력, 갈등관리에 대한 경험을 묻습니다. 그러다 보니 3번 문항에서 주로 등장하는 소재는 봉사활동이나 누군가와의 다툼과 화해 그리고 자신이 돌보아준 친구 이야기들로 구성이 되곤 합니다.

　대체로 이 틀에서 크게 벗어나는 경우가 많지 않은 것 같습니다. 당연히 그럴 수 있습니다. 소재 자체가 학생 입장에서 아주 특별할 수 있는 것은 아니라는 생각이 듭니다. 그러다 보니 자신도 모르게 이 항목에서 비슷한 실수가 벌어지곤 합니다.

　우리 반에는 지적 장애를 가진 친구가 있습니다. 모두 이 친구와 같이 식사를 하거나 짝이 되는 것을 꺼렸습니다. 그래서 저는 이 친구와 함께 점심을 먹자고 했고, 우리는 친구가 되었습니다. 처음엔 대화도 잘 통하지 않고, 강하게 말하는 바람에 조금 무섭긴 했습니다. 그렇지만 알아들으려고 노력하고 제가 다시 이 친구의 말을 똑같이 물어보며 같은 뜻인지를 확인하려고 했습니다. 그러자 점점 대화도 익숙해지고 서로 따뜻한 마음을 나눌 수 있었습니다.

3번 문항의 내용을 위와 같이 쓴다면 나쁘지는 않습니다. 이 글을 쓴 학생은 따뜻한 마음의 소유자라는 생각이 듭니다. 포기하지 않고 지속해서 대화를 시도했다는 점에서도 끈기가 보이고, 말 그대로 배려와 나눔을 모두 잘 드러냈습니다. 그런데 딱 한 가지가 거슬리는군요. '모두 이 친구와 같이 식사를 하거나 짝이 되는 것을 꺼렸습니다'라는 대목에서 말입니다. 자신을 제외한 다른 아이들은 모두 이 친구와 정말 어울리려 하지 않았을까 싶습니다.

많은 자기소개서를 접하면서 3번 문항에서 이와 유사한 서술을 자주 보게 됩니다. 별 의미를 두고 쓴 말은 아닐 것입니다. 다른 애들은 잘 어울려주지 않았는데 '내가 나서서 어울렸습니다', 다른 애들은 갈등을 유발하는데 '내가 나서서 갈등을 해결했습니다'와 같은 식의 표현은 자주 등장하는 편입니다. 그런데 이런 식의 표현을 사용하는 자기 자신은 잘 모르겠지만, 읽는 사람의 입장에서는 매우 불편합니다. 어쨌든 다른 사람을 비방한 것이기 때문입니다.

진정한 배려, 나눔, 협력, 갈등관리 항목에서 다른 사람은 모두 나에 미치지 못하는데 '나 혼자 잘났다'는 입장과는 거리가 멉니다. 그 갈등 안에 나 자신의 문제도 있을 수 있고, 자기 역시 실수를 저질렀을 수 있습니다. 오히려 그 실수를 통해 자신이 잘못을 깨닫고 반성했다는 것이 훨씬 더 진정성이 느껴집니다. 정말 이 자기소개서를 쓴 사람이 다른 사람과는 다른 특별한 인성의 소유자가 아닌 이상 말입니다.

차라리 앞의 자기소개서 예시가 다음처럼 바뀌면 좋겠습니다.

우리 반에는 지적 장애를 가진 친구가 있습니다. 지적 장애를 가진 반 친구와 진정으로 우정을 나누는 일은 쉽지 않았습니다. 의사소통도 쉽지 않았고, 우선은 저 자신도 처음엔 무척 꺼려졌습니다. 그렇지만 편견 없이 대해야 한다는 가르침을 기억하며 먼저 제가 이 친구에게 함께 점심을 먹자고 했고, 우리는 친구가 되었습니다. (생략)

앞부분이 좀 길긴 하지만, 이런 솔직한 설명이 차라리 낫지 않을까 싶습니다. 다른 사람보다 나 자신이 더 대단하다는 입장보다 현실적이기도 하고 진짜 학생답기도 합니다.

자기가 쓴 자기소개서를 보면서 앞으로는 다른 사람에 대한 비방은 무조건 거릅시다. 의도하지 않고 자신도 모르게 써왔던 그런 표현들 말입니다.

15

사례를 통해 배워보자

　이번 장에서는 실제 사례를 통해 자기소개서 작성에 대해서 배워보도록 해보죠. 다음은 앞장의 사례로 나왔던 윤지의 자기소개서를 재구성한 것입니다. 윤지는 인문 계열인데 한의대에 지원하고자 했습니다. 물론 갑작스레 결정한 것은 아니었습니다. 장기간 인문계에서 한의대를 바라보며 준비했던 케이스입니다. 아무래도 개인의 글이다 보니 완성본을 담기보다는 전체적인 맥락에서 지원학교에 지원한 동기와 입학 후 진로 등을 정리했던 초벌 글을 담았습니다.

　"책값을 지불하고 지식을 살 수 있다는 것은 정말 싼 것이다." 저희 어머니께서 제게 하시던 말씀입니다. 책은 원하면 어떤 것이든 사주셨습니다. 누군가가 글로 지식을 옮겨두었는데, 그것을 통해 저의 지식이 된다면 아낌

없이 사라고 하셨습니다. 가끔 빌려와서 필기도 못 하고 조심스럽게 읽고 있는 것을 보시면 어느새 같은 책을 사 오셔서 책상에 놓아두시곤 하셨습니다. 소심하게 눈으로 보지 말고, 줄도 긋고 마음대로 접으면서 보라는 의도이셨습니다.

그래서 저는 어머니께 죄송한 마음에서라도 구매한 책은 모두 다 읽으려 했습니다. 그리고 그걸 제 것으로 만들려고 노력했습니다. 그렇게 하자 공부도 어렵지 않게 할 수 있었던 것 같습니다. 문제집을 사도 풀지 않고 버린 것이 없기 때문입니다. 책상 위에 빼곡하게 다 풀고 난 책들을 꽂아두었는데, 어머니께서 그 책들을 보며 흐뭇해하셨습니다. 어머니의 미소에 공부를 열심히 해서 꼭 몇 배로 돌려드려야겠다는 마음이 들었습니다.

학원에 다니지 않고 책으로만 공부했던 것도 그런 이유에서였습니다. 책을 충분히 사주셨고, 그 책으로 공부한 것이 훨씬 편하고 저의 것인 것 같았습니다. 처음엔 남들처럼 선행을 하지 않는 것이 불안하기도 했지만, 저만의 방식으로 고등학교 생활을 해보고 싶었습니다.

처음엔 수학 선행이 되어있지 않아 조금 고생했습니다. 하지만 학교 수업에 충실하고 문제집을 여러 차례 반복해서 공부하자 점점 성적이 올랐습니다. 그리고 성적은 늘 1등급대를 유지할 수 있었습니다. 어머니께서 늘 지지해주시고 응원해주신 것에 대한 보답을 조금이나마 한 것 같았습니다. 그리고 지금은 대학교에 진학할 차례입니다.

저는 한의사가 되고 싶습니다. 사람의 목숨과 건강을 책임지는 일을 하고 싶은 마음이 있습니다. 그리고 그것이 한국의 것이라면 더 좋을 것 같습니다. 양의학보다 한의학을 더 신뢰하시던 부모님의 영향이 있었습니다. 또 양약으로 부작용에 시달려 알레르기를 겪은 후로, 자생하는 능력을 심어주는 한의학에 대한 믿음이 더 커지기도 했습니다. 한자와 역사, 수학까지 한의학과로 진학을 위한 모든 과목은 즐거워했고, 가장 좋아하기도 합니다. 부족한 부분이 있으면 남들보다 잠을 줄여가면서라도 열심히 따라갔고, 결국 해내왔습니다.

대학에 진학해서도 지금처럼 열심히 해서 문과로서 부족한 점을 따라가도록 할 것입니다. 생명과학이나 화학 분야에서 자연계 친구들보다 고등학교 과정에서 배우지 못한 것은 지금처럼 책으로 공부하고 이해하려고 할 것입니다. 과학은 좋아하기도 했고 책도 꾸준히 읽었던 분야이기도 합니다. 그리고 단순히 한의학을 공부하는 것 이상으로, 세계화에 기여하려 들 것입니다. 싱가포르 학교 학생들과 교류하며, 반크 한국 대표의 일원으로 활동했던 경험을 살릴 것입니다.

한의사로서 본분에 충실하면서도 세계적인 홍보와 알리미 역할을 할 수 있을 것이라 생각합니다. 특히 자본과 힘으로 중의학의 표준화를 앞둔 상황에 그에 대응하는 노력이 절실합니다. 적극적인 활동을 통해 한의학을 더 알리는 데 보탬이 되고 싶습니다.

구체적이고 학생다운 느낌이 살아있다고 생각이 듭니다. 실제 이 내용을 바탕으로 수차례 다듬던 글은 원하던 학교의 서류평가를 가볍게 통과하기도 했습니다.

처음부터 자기소개서를 완벽하게 작성하려고 하면 어려울 수 있습니다. 우선은 하고 싶은 말을 모두 나열해보고, 스토리를 만들어 본 후 그다음에 정리해서 완성에 가깝게 됩니다.

그러기 위해서 쓸 수 있는 소재를 정리해 이야기부터 만들어보죠.

할아버지는 목수였습니다. 여러 사정이 생기는 바람에 결국 다른 직업으로 바꾸게 되셨지만, 어렸을 때부터 종종 목조주택에 대한 이야기를 제게 해주시곤 하셨습니다. 할아버지 댁에 가면 어렵지 않게 목조주택에 주로 쓰이는 자재, 대패질을 잘해야 하는 이유 등 목조 건축물에 대해 자세한 이야기들을 들을 수 있었습니다.

그 덕에 자라나면서 자연스럽게 할아버지의 말씀에 관심을 갖기 시작했고 집의 구조를 유심히 보기 시작하였습니다. 그러다 건축가라는 직업을 접하게 된 계기는 한 TV프로그램을 통해서였습니다. 그 프로그램에서 건축가는 주거에 어려움을 겪던 한 가족을 위해 맞춤형 설계를 했습니다. 그리고 건축을 통해 그들은 행복해졌습니다. 그것을 계기로 사람을 행복하게 할 수 있는 건축가라는 직업에 매료되어 건축가의 꿈을 갖게 되었습니다.

고등학교에 입학해 동아리를 결정할 때 고민을 많이 했었습니다. 왜냐하면, 건축과 관련된 동아리가 없었기 때문입니다. 그렇기에 가장 먼저 관심을 가졌던 활동은 해비타트 동아리 개설이었습니다. 직접 건축봉사를 다니다 보니 건축에 관심이 있는 학생들과 함께 오면 더 뜻깊겠다는 생각이 들었고, 건축 관련 직업에 종사하는 분들도 봉사를 오셔서 진로에 관해 질문도 할 수 있어 도움이 많이 될 것이라고 생각했습니다. 하지만 여러 현실적인 문제 때문에 동아리 개설에 실패했습니다. 고생이 수포로 돌아가 허탈했지만, 포기하지 않았습니다. 제가 가진 위치에서 건축을 공부할 수 있는 방법을 모색해보기로 했습니다.

그래서 독서에 매달렸습니다. 책을 통해 건축의 큰 세계 중 일부를 경험할 수 있었습니다. 건축과 관련된 책으로 하나씩 쌓은 독서 경험은 독후감 경진 대회에서 수상을 가능하게 했습니다. 특히 통합논술 대회 같은 경우 '지속가능한 도시화, 서울'이라는 주제로 우수상을 거머쥐었습니다. 독서를 하며 건축에 대한 배움을 받고자 하는 욕심이 늘어갔습니다. 그래서 대학교에 진학해서 살아있는 건축에 대한 지식을 쌓고 실제적인 경험을 토대로 건축학도로 성장하고 싶습니다.

앞장에서 언급했던 대영이의 글입니다. 건축학과를 지망했던 아이의 지원동기를 정리한 글입니다. 물론 공통문항에는 지원동기에 대한 질문이 없습니다. 4번 자율문항을 요구했던 학교에 제출했던 글을 재구성한 것입니다. 대영이는 자기소개서를 넣은 모든 학교에 합격하는 기쁨을 누렸습니다. 선택해서 갔던 학교는 지원동기를 요구하지 않는 학교였지만, 지원동기를 정리했던 글이 무척 도움이 되었습니다.

지원동기는 자연스레 모든 글에 녹아있어야만 합니다. 그런데 대부분 자기소개서를 작성하는 학생들은 지원동기보다는 당장 앞에 놓인 질문에 답을 하기에 급급합니다. 그러면 좋은 글이 나올 수 없습니다. 어쨌든 자기소개서를 묻는 학교의 입장에서 살펴보면, '도대체 왜?'에 대한 답이 명확히 나와야만 합니다. '그냥 공부를 잘했고, 활동을 잘했고, 배려심이 많다'는 정도의 주저리주저리는 듣고 싶은 이야기가 아닙니다. 그건 익히 학교생활기록부에 있으니 말입니다.

대영이처럼 자신이 '왜 이 학교 이 학과에 지원하는지'부터 정리해보는 것을 추천합니다. 급급하게 쓴 글들은 티가 납니다. 여러 차례 주제를 변형하고 정리해서 완성형으로 만든 글이 아닌 '좋은 글'을 단박에 쓰는 것은 힘듭니다. 아니 거의 불가능에 가깝습니다.

멀리 내다보고, 길게 준비하라

"이 학교에는 제 등수까지만 이 과로 지원하고, 책은 이걸 읽으라고 하셨어요."

아이의 영혼 없는 목소리에 의식하지도 못한 채 미간을 찌푸렸습니다. 아이는 모든 활동과 독서 기록을 마치 정해진 답이 이미 있는 듯이 남기고 있었습니다. 그리고 진로희망란의 내용도 자기 생각보다는 다른 사람의 생각이 더 많이 들어간 듯했습니다.

"네 꿈은 그러면 이게 아니니?"
"실은 잘 모르겠어요. 그냥 학교에 합격하는 게 중요하니까요. 진로는 대학에 가서 고민하려고요."

어찌 보면, 아이의 판단이 현명해 보이기도 합니다. 진로희망을 지금 정한다고 해도 그대로 되는 것도 아니고, 세상을 보면서 고민할 시간은 분명 더 많이 필요하기 때문입니다. 저도 그러했고, 제 많은 제자도 고교 때부터 뜻하던 대로 진로를 결정해서 그대로 직업을 가진 경우보다는 대학

생활까지 고민 끝에 진짜 자신의 적성을 찾은 아이들이 더 많습니다.

그렇지만 노력은 해봐야 한다고 생각합니다. 학생부종합전형은 어찌 보면 21세기를 위한 전형이란 생각이 듭니다. 세상은 변하고 있고 이제 그 변화에 적응해야 하기 때문입니다. 미래사회에 지식보다 중요한 건 빠르게 변화하는 세상에 적응하는 능력입니다. 이런 능력을 키우기 위해서라도 어려서부터 치열한 고민은 필요합니다.

그런데 불행히도 실제 만나는 대다수 학생들은 아직도 자신의 꿈보다는 '합격 사례'를 통해 자신을 거기에 끼워 맞춘다는 생각이 듭니다. 모든 사람들이 같은 꿈을 갖고 똑같은 준비를 할 수는 없는데도 말입니다. 마치 맞지 않는 옷에 자신의 몸을 욱여넣는 것처럼 보입니다.

앞의 학생과 같은 사례가 대표적입니다. 이 아이는 자신이 접한 성공사례에서 언급된 책을 독서기록으로 남기고 그 사례 속 활동을 따라서 합니다. 자기소개서도 비슷하게 씁니다. 새롭지도 않고 개성도 없습니다. 비슷한 소재를 비슷하게 썼으니 그럴 수밖에요.

저는 학생들에게 다른 사람의 자기소개서나 성공사례는 참고만 할 뿐,

절대 자기 자신에 대입해서 생각하지 말라고 말합니다. 그 사람과 나는 같은 사람이 아닙니다. 분명 살아온 환경도 다르고 현재 처한 상황도 다르기 때문입니다. 그리고 실제 그렇게 해서 기존의 사례에서 학생이 합격했었다면, 올해에는 더욱더 그러지 말라고 이야기를 하고 싶습니다. 일전에 '곤충 소년'의 합격으로 수많은 곤충 소년들이 나타났던 것과 마찬가지로 하나의 합격 사례는 그와 유사한 사례들을 만들어 내기 때문입니다.

심사하는 사람의 눈에 '식상함'을 불러일으킬 필요는 없지 않을까 싶습니다. 실제로 비슷한 학생부 내신 성적과 비슷한 활동을 했음에도 떨어졌다는 경우 역시 적지 않게 접하곤 합니다. 분명 전년도에 자신의 동아리 선배가 이런 활동과 과정을 통해 명문대에 합격했다고 하는데 말이죠. 하지만 그 후배는 실패했습니다. 같은 동아리 활동, 같은 보고서, 같은 상, 비슷한 성적 대임에도요.

바꾸어 생각해봅시다. 비슷한데 합격률이 올라갈까요? 이미 그런 학생은 뽑았습니다. 그럼 또 다른 질문에 봉착합니다.

"비슷한데 어떻게 하나요?"

"왜 비슷하다고 생각하지? 너랑 걔는 다른데! 완전히! 자기소개서가 그래서 존재하는 거야."

같은 활동을 했다고 해서 '배우고 느낀 점'까지 같을 리 없습니다. 백인백색이니까 말이죠. 자신의 개성을 담을 수 있는 자기소개서 활용을 여기서 최대한 해봅시다. 똑같은 그림을 보면서 누구는 슬퍼하고, 누구는 기뻐할 수 있습니다. 그게 사람의 매력이지 않을까요? 사람에게는 양적으로 판단이 안 되는 무언가 딱 떨어지게 판단 내릴 수 없는 다양한 매력이 있습니다. 그걸 평가하는 것이 '정성평가', 바로 학생부종합전형입니다.

여기까지로 이 책에서 전하고자 하는 말을 마무리 짓고자 합니다. 많은 학생들의 자기소개서를 접하며 전하고 싶은 말들은 정말 많았는데, 제대로 전달이 되었는지 문득 부끄러운 마음이 듭니다. 아끼는 제자들의 주옥같은 사례 하나하나를 전하며 조심스러울 수밖에 없던 점도 있고요. 그래서 채 다 표현하지 못하고 삼킨 말들이 많은 것 같아 다시 돌아본 글에 아쉬움이 많이 남습니다.

그렇지만 내내 일관되게 전하고 싶던 메시지는 변함이 없습니다. 어떤 것이든 단박에 바뀌고, 완성되는 것은 아무것도 없습니다. 멀리 내다보고, 장기간 준비한 자만이 성공에 좀 더 가까이 갈 수 있다는 아주 뻔하지만 변하지 않는 논리를 말씀드리고 싶었습니다.

그리고 우리는 모두 다 다릅니다. 그 '다름'은 무엇보다 내면에 있죠. 그 내면의 '배우고 느낀 점'을 요구하는 자기소개서를 쓰다 보면, 입시의 성패를 떠나 여러분 자신을 돌아보는 데도 큰 도움이 될 수 있습니다.

마침 제자 중 한 명이 제게 그런 말을 하더군요.

"선생님, 그래도 자기소개서를 쓰면서 제가 어떤 사람인지 좀 더 생각해보게 되었어요. 참 생각을 안 했던 것 같다는 반성도 되고요. 이런 기회가 그래도 제게 좋은 거 같아요."

부록

유사도 검사 시스템

유사도 검사 시스템은 대교협에서 모든 대학의 자소서, 교사추천서를 제출 받아 서로 비교해 동일 단어 및 동일 문장의 빈도와 반복 위치, 형의 배열 등을 검증해 그 결과를 수치로 제시하는 시스템을 말합니다. 2011년부터 구축된 자기소개서 '유사도 검사 시스템'을 운영해 표절을 밝히고 있으며, 이로 인해 표절의 전체 건수와 비율이 감소하고 있는 추세입니다.

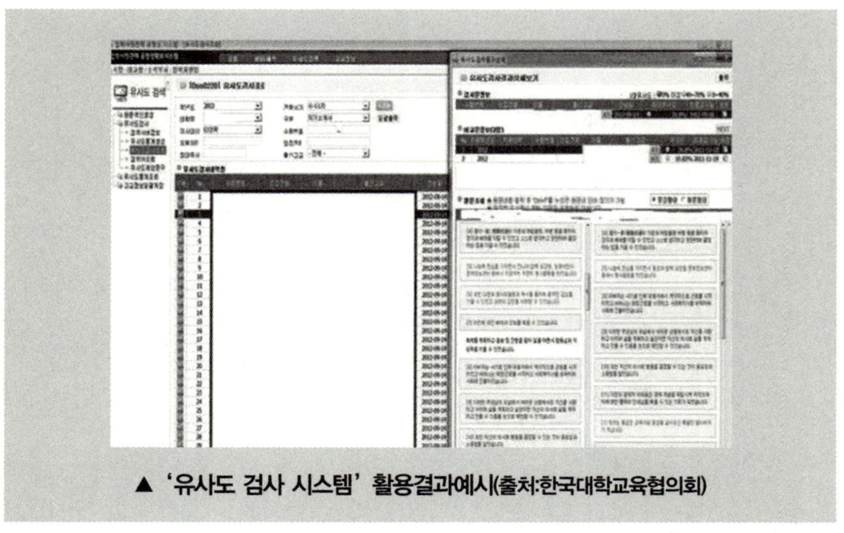

▲ '유사도 검사 시스템' 활용결과예시(출처:한국대학교육협의회)

대입 자기소개서 유사도 확인방법

표절 정도	유사도 비율		확인방법
	자기소개서	교사추천서	
위험수준 (Red zone)	30% 이상	50% 이상	유선확인, 현장 실사, 본인확인, 교사 확인, 심층면접 등
의심수준 (Yellow zone)	5% 이상~30% 미만	20% 이상~50% 미만	
유의수준 (Blue zone)	5% 미만	20% 미만	서류평가 단계에서 검색된 문구 등을 특 히 유의하여 검증

대입 자기소개서 유사도 비율

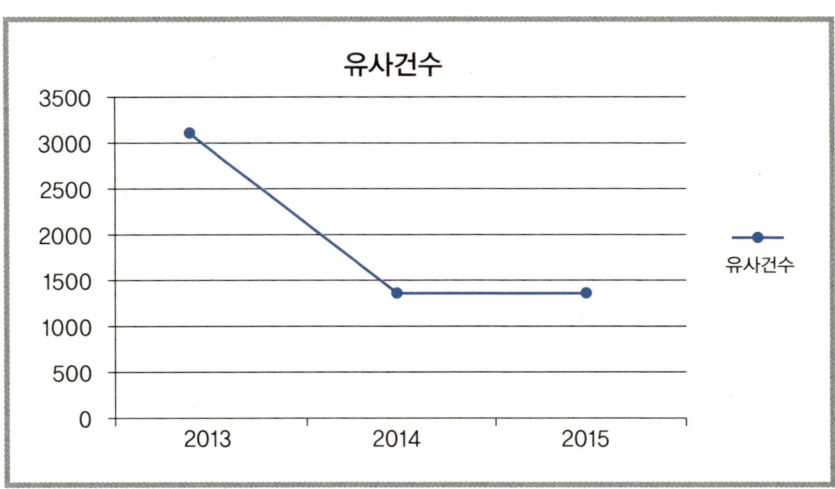

2015학년도 106개 대학의 학생부종합전형에 제출된 자기소개서 38만

8,309건 가운데 유사도가 5% 이상인 경우는 1,271건(0.33%)이며, 2014학

년도 대입에서 유사도가 5% 이상인 자기소개서는 1,275건(전체 32만4,060건의 0.39%)입니다. 또한, 2013학년도는 표절 또는 표절 의심으로 분류된 자기소개서가 3,076건(전체 24만3488건의 1.26%)으로 전체 유사 비율은 점차 줄어드는 중입니다.

교사추천서 유사도 비율

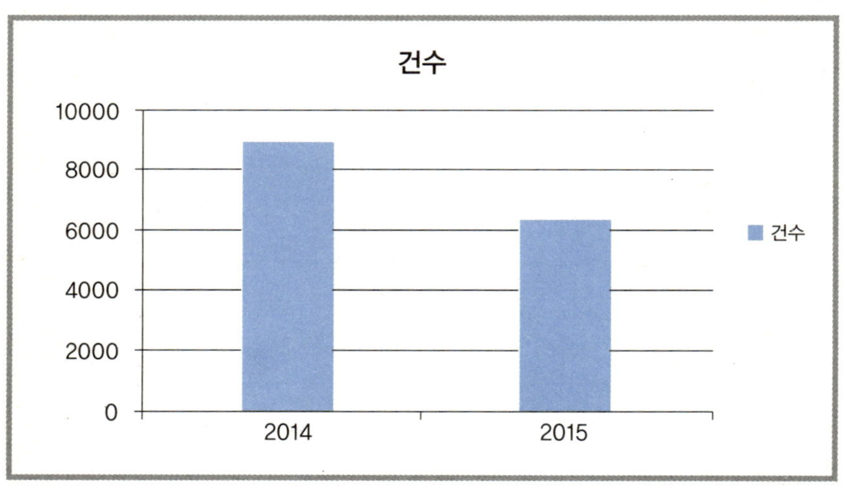

교사추천서 표절 의혹은 2015학년 대입 당시 48개 대학에 제출된 교사추천서 16만5,107건 가운데 6,352건(3.85%)은 유사도가 20% 이상으로 분석됩니다. 또한, 2014학년도 9,151건(전체 20만2038건의 4.53%)보다 2,799건이 적습니다.

〈작성 시 유의 사항〉

1. 자기소개서는 지원자 본인이 작성하여야 하고, 사실에 입각하여 정직하게 지원자 자신의 능력이나 특성, 경험 등을 기술하여야 합니다.
2. 자기소개서에 기술된 사항에 대한 사실 확인을 요청할 경우 지원자는 적극 협조하여야 합니다.
3. 제출된 자기소개서는 표절, 대리 작성, 허위사실 기재, 기타 부정한 사실 등의 검증을 위해 유사도 검색을 실시하고, 해당 사실이 발견될 경우 불합격 처리되며 합격 이후라도 입학이 취소될 수 있습니다.
4. 자기소개서에 다음 사항을 기재할 경우 서류 평가에서 "0점"(또는 불합격) 처리됩니다

1) 공인어학성적

> 영어(TOEIC, TOEFL, TEPS), 중국어(HSK), 일본어(JPT, JLPT), 프랑스어(DELF, DALF), 독일어(ZD, TESTDAF, DSH, DSD), 러시아어(TORFL), 스페인어(DELE), 상공회의소한자시험, 한자능력검정, 실용한자, 한자급수자격검정, YBM 상무한검, 한자급수인증시험, 한자자격검정

2) 수학 · 과학 · 외국어 교과에 대한 교외 수상실적

수학	한국수학올림피아드(KMO), 한국수학인증시험(KMC), 온라인 창의수학 경시대회, 도시대항 국제 수학토너먼트
과학	한국물리올림피아드(KPHO), 한국화학올림피아드(KCHO), 한국생물올림피아드(KBO), 한국천문올림피아드(KAO), 한국지구과학올림피아드(KESO), 한국뇌과학올림피아드, 전국정보과학올림피아드, 국제물리올림피아드, 국제지구과학올림피아드, 국제수학올림피아드, 국제생물올림피아드, 국제천문올림피아드, 한국중등과학올림피아드
외국어	전국 초중고 외국어(영어, 중국어, 일본어, 프랑스어, 독일어, 러시아어, 스페인어) 경시대회, IET 국제영어대회, IEWC 국제영어글쓰기대회, 글로벌 리더십 영어 경연대회, SIFEC 전국영어말하기대회, 국제영어논술대회

* 위에서 열거된 항목 외에도, <u>대회 명칭에 수학 · 과학(물리, 화학, 생물, 지구과학, 천문) · 외국어(영어 등) 교과명이 명시된 학교 외 각종 대회(경시대회, 올림피아드 등) 수상실적을 작성했을 경우 "0점"(또는 불합격) 처리</u>

** '교외 수상실적'이란 학교 외 기관이 개최한 대회 수상실적을 의미하며, <u>학교장의 참가 허락을 받은 교외 수상실적이라도 작성시 "0점"(또는 불합격) 처리</u>

5. 학생부 위주 전형의 자기소개서는 공교육 내에서 이루어진 활동을 작성하는 취지이므로, 위에서 제시되지 않은 항목이라도 사교육 유발요인이 큰 교외 활동(해외 어학 연수 등)을 작성했을 경우, 해당 내용을 평가에 반영하지 않습니다.

⇒ 본인은 자기소개서 작성에 관한 유의 사항을 숙지했으며, 유의 사항 위반에 따른 조치에 대해서는 이의를 제기하지 않겠습니다. (동의 : ☐)

〈공통문항〉

1. 고등학교 재학기간 중 학업에 기울인 노력과 학습 경험에 대해, 배우고 느낀 점을 중심으로 기술해 주시기 바랍니다(1,000자 이내).

2. 고등학교 재학기간 중 본인이 의미를 두고 노력했던 교내 활동을 배우고 느낀 점을 중심으로 3개 이내로 기술해 주시기 바랍니다. 단, 교외 활동 중 학교장의 허락을 받고 참여한 활동은 포함됩니다(1,500자 이내).

3. 학교생활 중 배려, 나눔, 협력, 갈등 관리 등을 실천한 사례를 들고, 그 과정을 통해 배우고 느낀 점을 기술해 주시기 바랍니다(1,000자 이내).

〈자율문항〉

* 지원 동기 등 학생을 종합적으로 판단하기 위해 필요한 경우 대학별로 1개의 자율 문항을 추가하여 활용하시기 바랍니다(글자 수는 1,000자 또는 1,500자 이내로 하고 대학에서 선택).

〈작성 시 유의 사항〉

1. 교사추천서는 추천자 본인이 작성하여야 하고, 사실에 입각하여 정직하게 지원자의 능력이나 특성, 경험 등을 기술하여야 합니다.
2. 교사추천서에 기술된 사항에 대해 사실 확인을 요청할 경우 작성한 교사 및 지원 학생은 적극 협조하여야 합니다.
3. 제출된 교사추천서는 표절, 대리 작성, 허위사실 기재, 기타 부정한 사실 등의 검증을 위해 유사도 검색을 실시하고, 해당 사실이 발견될 경우 지원한 학생이 불합격 처리 되거나, 합격 이후라도 입학이 취소될 수 있습니다.
4. <u>교사추천서에 다음 사항을 기재할 경우 지원 학생은 서류 평가에서 "0점" (또는 불합격) 처리됩니다</u>

1) 공인어학성적

> 영어(TOEIC, TOEFL, TEPS), 중국어(HSK), 일본어(JPT, JLPT), 프랑스어(DELF, DALF), 독일어(ZD, TESTDAF, DSH, DSD), 러시아어(TORFL), 스페인어(DELE), 상공회의소한자시험, 한자능력검정, 실용한자, 한자급수자격검정, YBM 상무한검, 한자급수인증시험, 한자자격검정

2) 수학 · 과학 · 외국어 교과에 대한 교외 수상실적

구분	내용
수학	한국수학올림피아드(KMO), 한국수학인증시험(KMC), 온라인 창의수학 경시대회, 도시대항 국제 수학토너먼트
과학	한국물리올림피아드(KPHO), 한국화학올림피아드(KCHO), 한국생물올림피아드(KBO), 한국천문올림피아드(KAO), 한국지구과학올림피아드(KESO), 한국뇌과학올림피아드, 전국정보과학올림피아드, 국제물리올림피아드, 국제지구과학올림피아드, 국제수학올림피아드, 국제생물올림피아드, 국제천문올림피아드, 한국중등과학올림피아드
외국어	전국 초중고 외국어(영어, 중국어, 일본어, 프랑스어, 독일어, 러시아어, 스페인어) 경시대회, IET 국제영어대회, IEWC 국제영어글쓰기대회, 글로벌 리더십 영어 경연대회, SIFEC 전국영어말하기대회, 국제영어논술대회

* 위에서 열거된 항목 외에도, <u>대회 명칭에 수학·과학</u>(물리, 화학, 생물, 지구과<u>학, 천문)·외국어</u>(영어 등) <u>교과명이 명시</u>된 학교 외 각종 대회(경시대회, 올림피아드 등) 수상실적을 작성했을 경우 <u>"0점"</u>(또는 불합격) 처리

** '교외 수상실적'이란 학교 외 기관이 개최한 대회 수상실적을 의미하며, <u>학교장의 참가 허락을 받은 교외 수상실적이라도 작성시 "0점"</u>(또는 불합<u>격) 처리</u>

5. 학생부 위주 전형의 교사추천서는 공교육 내에서 이루어진 활동을 작성하는 취지이므로, 위에서 제시되지 않은 항목이라도 사교육 유발요인이 큰 외부 활동(해외 어학 연수 등)을 작성했을 경우, 해당 내용을 평가에 반영하지 않습니다.

⇒ 본인은 교사추천서 작성에 관한 유의 사항을 숙지했으며, 유의 사항 위반에 따른 조치에 대해서는 이의를 제기하지 않겠습니다. (동의 : □)

1. 지원자의 학업 관련 영역에 대해 "V"로 표기해 주시기 바랍니다.

(평가하기 어려운 경우 '평가 불가'를 선택)

평가 항목	평가 대상			매우 우수함	우수함	보통	미흡	평가 불가
	3학년 전체	계열 전체	학급 전체					
1) 학업에 대한 목표의식과 노력								
2) 자기주도적 학습 태도								
3) 수업 참여도								

지원자의 학업 관련 평가에 추가적으로 고려할 만한 사항이 있는 경우 기술해 주시기 바랍니다. (250자 이내, 개조식으로 기술 가능).

2. 지원자의 인성 및 대인 관계에 대하여 "V"로 표기해 주시기 바랍니다.
   (평가하기 어려운 경우 '평가 불가'를 선택)

평가 항목	매우 우수함	우수함	보통	미흡	평가불가
1) 책임감					
2) 성실성					
3) 리더십					
4) 협동심					
5) 나눔과 배려					

지원자의 인성 및 대인 관계에 추가적으로 고려할 사항이 있는 경우 사례를 기술해 주시기 바랍니다. (250자 이내, 개조식으로 기술 가능)

3. 지원자를 평가하는데 도움이 되는 내용을 기술해 주시기 바랍니다(1,000자 이내).

학교명	학년도	자율문항(4번 문항)
서울대	2017학년도	고등학교 재학 기간 또는 최근 3년간 읽었던 책 중 자신에게 가장 큰 영향을 준 책을 3권이내로 선정하고 그 이유를 기술하여 주십시오. ※ '선정 이유'는 각 도서별로 띄어쓰기를 포함해 500자 이내로 작성 ※ '선정 이유'는 단순한 내용 요약이나 감상이 아니라 읽게 된 계기, 책에 대한 평가, 자신에게 준 영향을 중심으로 기술
연세대	2017학년도	해당 모집단위에 지원하게 된 동기와 이를 준비하기 위해 노력한 과정이나 지원자의 교육 환경(가정·학교·지역 등)이 성장에 미친 영향 등을 경험을 바탕으로 구체적으로 기술하시오. (1,500자 이내)
고려대	2016학년도 (2017학년도 미발표)	해당 모집단위에 지원한 동기와 준비 과정을 기술해 주시기 바랍니다. (1,000자 이내)
서강대	2017학년도	지원 전공을 선택한 이유와 대학 입학 후 학업 또는 진로 계획에 대해 기술하기 바랍니다. (1,000자 이내)
성균관대	2017학년도	다음 중 하나를 선택하여 기술해 주시기 바랍니다. (1,000자 이내) ※ 본인의 성장환경 및 경험이 자신에게 미친 영향 ※ 지원동기 및 진로를 위해 노력한 부분 ※ 본인에게 영향을 미친 유·무형의 콘텐츠(인물, 책, 영화, 음악 ,사진, 공연 등)
한양대		자기소개서 없음
중앙대	2016학년도 (2017학년도 미발표)	아래에 제시된 평가 요소 중 추가로 보충하고자 하는 내용에 대하여 구체적인 사례를 중심으로 기술해 주시기 바랍니다. (1,500자 이내) ※ 다빈치형인재·고른기회전형·단원고특별전형: 학업역량·지적탐구역량, 성실성, 자기주도성, 창의성, 공동체의식 ※ 탐구형인재: 지적탐구역량(관심 분야에 대한 흥미와 열정, 탐구능력)

경희대	2017학년도	해당 모집단위에 지원하게 된 동기와 이를 준비하기 위해 노력한 과정인 지원자의 교육환경(가정·학교·지역 등)이 성장에 미친 영향을 등을 경험을 바탕으로 구체적으로 기술해 주시기 바랍니다. (1,500자 이내)
한국외대	2017학년도	해당 모집단위에 지원하게 된 동기와 이를 준비하기 위해 노력한 과정인 지원자의 교육환경(가정·학교·지역 등)이 성장에 미친 영향을 등을 경험을 바탕으로 구체적으로 기술해 주시기 바랍니다. (1,500자 이내)
건국대	2016학년도 (2017학년도 미발표)	지원동기와 향후 진로계획에 대해 구체적으로 기술해 주시기 바랍니다. (1,000자 이내)

▲ 자료: 각 대학

Q. 학생부종합전형 지원을 준비하는 학생입니다. 학생부종합전형에서는 어떤 학생을 선발하나요?

A. 기존의 입학사정관전형에서 학생부종합전형으로 변화되며 대학에서는 입학 후 전공을 이수할 수 있는 학업역량을 가지고 있는지 여부를 가장 중요하게 고려합니다. 이를 위해 전공 관련 교내 활동이 구체적으로 잘 표현된 학교생활기록부(학생부)·자기소개서(자소서)·추천서 등을 종합적으로 평가, 학생을 선발하고 있습니다.

즉 대학에서는 건학 이념과 인재상에 부합하는 학생을 선발하기 위해 기본적인 학업수행 능력을 갖춘 학생을 대상으로 ▲교육환경 ▲학습과정 ▲소질과 적성 ▲창의성과 성장잠재력 등 다양한 요소를 고려, 선발합니다. 특히 대학들은 공교육 정상화에 기여하는 방향으로 학생부종합전형을 설계하고 있습니다. 이에 다양한 학생 중심의 프로그램과 동아리 활동, 그리고 학생들의 진로 관련 교육활동과 심화수업, 학습활동 내용 등이 구체적이고 충실하게 기록된 학생부를 선호하고 있습니다.

Q. 대학별 학생부종합전형 유형은 어떻게 되나요?

A. 대학별 학생부종합전형 유형은 크게 아래의 6개로 구분할 수 있습니

다. 학생부, 자소서, 추천서, 면접 준비 정도에 따라 지원 여부를 결
정하면 됩니다.

Tip. 학생부 작성 유의사항

※ 학생부에는 학교교육계획이나 학교교육과정에 의거, 학교에서 실시한 각종 교육활
동 이수상황을 기재하는 것이 원칙입니다.

– 각종 공인어학시험(관련 교내 수상실적 포함), 교외 경시대회, 교내·외 인증시험 등의
참여 사실이나 성적(모의고사·전국 연합학력평가 성적 또는 관련 교내 수상실적 포함), 교외
상, 논문(학회지) 등재나 도서출판, 발명특허 내용, 해외 봉사활동실적 등은 '행동 특
성 및 종합의견'란을 포함해 학생부 어떠한 항목에도 기재 불가

– 외부기관이 주최·주관한 체험활동은 교육 관련 기관(교육부 및 직속기관, 시·도교육청
및 직속기관, 교육지원청 및 소속기관)에서 주최·주관한 행사, 청소년단체 활동, 학교스
포츠클럽활동, 봉사활동 등만 학교장이 승인한 경우에 한해 기재 가능

**Q. 대학별 학생부종합전형을 살펴보니 학생부, 자소서, 추천서가 매
우 중요하게 반영되는데 준비할 때 유의해야 할 점이 있을까요?**

A. 먼저 학생부 작성 유의사항에 대해 안내드리겠습니다. 교외 활동이
나 교외 수상실적은 학생부에 기록할 수 없고, 교내에서 실시한 모든
활동과 행사 및 수상실적을 학생부에 기록할 수 있습니다. 학생부 기

재는 학교 선생님께서 작성하는 사항이지만 다음의 사항을 참조하시기 바랍니다.

학생부종합전형에서 학생부가 가장 기본적인 평가서류라면 자소서는 이를 보완하기 위해 필요한 서류라 할 수 있습니다. 지원을 결정한 학생들은 기말고사가 끝나는 7월경에 자소서를 작성하기 시작합니다. 그러나 학기 초 본인이 학생부종합전형에 적합한 유형인지 판단하기 위해 1, 2학년 실적을 바탕으로 자소서를 써보는 것도 좋습니다.

자소서를 작성하면서 한 가지 유의해야 할 사항은 자소서와 추천서는 '0점' 처리 규정이 적용된다는 사실입니다. 공인어학성적과 수학, 과학(물리·화학·생물·지구과학·천문), 외국어(영어 등) 교과명이 명시된 외부 수상 실적은 기재 시 '0점' 처리됩니다.

Tip. 자소서, 추천서 작성 유의사항

● 공인어학성적

※ '0점': 아래 항목에 대해 성적, 등급, 수치화된 결과를 작성하는 경우

〈작성금지 공인어학성적〉

영어(TOEIC, TOEFL, TEPS), 프랑스어(DELF, DALF), 중국어(HSK), 일본어(JPT, JLPT), 러시아어(TORFL), 스페인어(DELE), 독일어(ZD, TESTDAF, DSH, DSD), 상공회의소한자시험, 한자능력검정, 실용한자, 한자급수자격검정, YBM 상무한검, 한자급수인증시험, 한자자격검정

※ '0점': 학교 외 기관이 개최한 수학 · 과학 · 외국어 교과명이 명시된 대회의 수상실

적(학교장 승인을 받아도 학교 외 기관이 개최한 것이면 작성 제한)

〈작성이 제한되는 외부 경시대회 예시〉

– 수학: 한국수학올림피아드(KMO), 한국수학인증시험(KMC), 온라인 창의수학 경시대회,

　도시대항 국제 수학토너먼트, 국제수학올림피아드

– 과학: 한국물리올림피아드(KPHO), 한국화학올림피아드(KCHO), 한국생물올림피아드

　(KBO), 한국천문올림피아드(KAO), 한국지구과학올림피아드(KESO), 한국뇌과학올림피

　아드, 전국정보과학올림피아드, 국제물리올림피아드, 국제지구과학올림피아드, 국제

　생물올림피아드, 국제천문올림피아드, 한국중등과학올림피아드

– 외국어: 전국 초중고 외국어(영어, 중국어, 일본어, 프랑스어, 독일어, 러시아어, 스페인어) 경

　시대회, IET 국제영어대회, IEWC 국제영어글쓰기대회, 글로벌 리더십 영어 경연대회,

　SIFEC 전국영어말하기대회, 국제영어논술대회

* 이 외에도 대회 명칭에 외국어 · 수학 · 과학 교과명이 명시되면 '0점' 처리

▲ 출처 : 한국대학교육협의회